H. **IRVING HANCOCK**

JIU-JITSU

Méthode japonaise

Traduction FERRUS & PESSEAUD

Paris

Berger-Levrault & Cie

Éditeurs

Jiu-Jitsu

En préparation :

L'ÉDUCATION PHYSIQUE DES FEMMES

(*Physical training for Women*)

Par IRVING HANCOCK

Traduction FERRUS et PESSEAUD

Autres ouvrages de M. Irving Hancock :

L'Éducation physique des enfants (*Physical training for Children*).

Les Coups de combat du Jiu-Jitsu (*Jiu-Jitsu Combat Tricks*).

L'Éducation physique dans la vie (*The physical-culture Life*).

La Méthode Kano de Jiu-Jitsu [Jiudo] (*The complete Kano Jiu-Jitsu [Jiudo]*).

FIG. 1. — *Bras d'un élève en jiu-jitsu.*

Taille de l'homme : 5 pieds, 1 pouce (1m,55). Poids : 120 livres (54kg,5).

Les Japonais ne cherchent point à obtenir sur le bras des masses musculaires volumineuses. Ce qu'ils regardent comme le plus important, c'est la petite bosse située juste au-dessus du coude.

H. IRVING HANCOCK

JIU-JITSU

MÉTHODE D'ENTRAINEMENT ET DE COMBAT

qui a fait des Japonais les adversaires les plus redoutables du monde

TRADUIT

Par le chef d'escadron d'artillerie L. FERRUS
ANCIEN ÉLÈVE DE L'ÉCOLE DES LANGUES ORIENTALES

Et le capitaine d'artillerie J. PESSEAUD

Avec dix-neuf planches photographiques d'après nature

BERGER-LEVRAULT & Cie, ÉDITEURS

PARIS | NANCY

5, RUE DES BEAUX-ARTS | 18, RUE DES GLACIS

1905

AVERTISSEMENT
DES TRADUCTEURS

La mode actuelle est incontestablement au Japon. Ce petit pays, dont nous ne connaissions guère que les curieuses productions artistiques, vient de se révéler brusquement comme une grande nation conquérante qui sera avant peu la puissance prépondérante en Asie. Aussi tout ce qui le concerne, et en particulier tout ce qui concerne son armée, est-il de nature à exciter à juste titre notre curiosité.

Or, une qualité qui avait beaucoup frappé les officiers des autres pays pendant l'expé-

dition de Chine, et qui les a frappés plus
encore au cours de la campagne de Mand-
chourie, c'est l'endurance et l'énergie de
ces petits hommes jaunes. Cette endurance
et cette énergie, on est en droit de les attri-
buer, au moins dans une certaine mesure,
au mode d'éducation physique en usage
chez les sujets du mikado et aux procédés
d'entraînement auxquels ils ont recours.

La méthode de *culture physique* des Japonais est une méthode essentiellement ori-
ginale, qui se distingue complètement des
nôtres ; elle constitue une véritable science
qu'on appelle le *jiu-jitsu*. Le *jiu-jitsu* n'est
pas, en effet, comme on l'avait cru d'abord,
sur la foi de renseignements trop hâtifs,
une simple collection de *trucs* de combat,
ou même de coups d'apaches, comme l'ont
dit quelques-uns ; c'est, en réalité, une méthode complète d'éducation physique qui

doit sa naissance à un état social particulier.

La classe dirigeante au Japon était jadis constituée exclusivement par la caste des *samouraï*, sorte de noblesse guerrière analogue à notre chevalerie du Moyen Age. Les *samouraï*, relativement peu nombreux par rapport au reste de la population (ils n'étaient guère qu'un million contre quarante millions), durent chercher un moyen pour assurer le maintien de leur domination. Ce moyen, ils ne pouvaient le trouver que dans l'union de toute la caste et la supériorité individuelle de ses membres sur tous les autres Japonais. Il fallait que tout bourgeois ou paysan fût bien persuadé qu'il lui était matériellement impossible de lutter, avec ou sans armes, contre un *samouraï*. Or, les *samouraï*, rompus de longue date à l'escrime du sabre, ne redoutaient aucun adversaire armé ; il ne restait donc qu'à leur assurer la supériorité physique [1]. Ce fut le rôle du *jiu-jitsu*.

Quelque grande que soit l'aptitude spéciale des Japonais comme *éleveurs* [2], aptitude qui ne le cède en aucune façon à celle des Anglais, les *samouraï* ne pouvaient, évidemment, avoir la prétention de se transformer en colosses, mais ce qu'ils pouvaient légitimement ambitionner, c'était de devenir tous des hommes sains et vigoureux, disposant, grâce à une escrime spéciale, longtemps pratiquée, de procédés de combat capables de leur assurer, en

---

1. On retrouve ici une fois de plus les trois éléments qui ont toujours constitué la force d'une armée : l'union (discipline militaire ou esprit de caste dans le cas actuel), l'éducation militaire, l'éducation physique.

2. On sait que les Japonais excellent à créer des espèces spéciales d'animaux ou de plantes : tout le monde connaît leurs chiens minuscules et leurs plantes naines. Ce que l'on sait moins, c'est qu'ils ont réussi à créer chez eux une race de lutteurs géants (voir p. 11).

toute circonstance, la victoire sur des adversaires non initiés.

Leur méthode d'éducation physique devait donc tendre à faire d'abord des hommes solides, convenablement entraînés, et ensuite des combattants. D'où la division du *jiu-jitsu* en deux parties bien distinctes, qui correspondent respectivement à notre gymnastique préparatoire et à notre gymnastique d'application.

Le *jiu-jitsu*, et c'est là ce qu'on n'a pas, jusqu'ici, assez mis en lumière, comporte donc une partie préparatoire très importante, la plus importante même au point de vue du développement de l'*animal humain*.

Les exercices préliminaires, qui forment les bases du *jiu-jitsu*, sont extrêmement nombreux et variés ; ils comprennent :

Des exercices de développement musculaire ;

Des exercices d'entraînement du cœur et
des poumons;

Des exercices de *résistance*;

Des exercices d'*endurcissement* ([1]);

Des exercices d'assouplissements, d'équilibre, d'adresse et d'agilité (coups de pied,
sauts, chutes [2], exercices à la canne, voltige spéciale, etc., etc.).

Le côté hygiénique est loin d'être négligé.
Le *jiu-jitsu* comporte en effet toute une série
de prescriptions relatives au régime alimentaire, à l'hydrothérapie, à l'habillement. Il
s'occupe même du côté moral : c'est ainsi
que les professeurs japonais de culture physique s'attachent à réprimer chez leurs élèves

---

1. Les Japonais cherchent à s'endurcir tout particulièrement le
tranchant de la main avec lequel ils portent des coups extrêmement violents. Ils cherchent également à endurcir aux coups
toutes les parties sensibles du corps, cou, flanc, abdomen, etc.

2. Les Japonais s'exercent à tomber sans dommage dans les positions les plus variées et à se relever le plus rapidement possible.
Il est superflu d'insister sur l'intérêt qu'offrent ces exercices.

le penchant à la colère, et à développer chez eux le calme, le sang-froid et la *politesse* (¹).

On voit, par ce qui précède, que les exercices préparatoires de la gymnastique japonaise sont extrêmement complets et parfaitement compris. Appliqués avec l'esprit de suite qui caractérise les Japonais, ils donnent des résultats extrêmement remarquables, résultats peut-être supérieurs, au point de vue de la *culture générale* du corps, à ceux que donnent les procédés traditionnels d'entraînement qui font des boxeurs américains ou anglais des hommes « si différents des autres hommes » ( ).

Sans vouloir entrer dans le détail des exercices pratiqués, nous signalerons ce-

---

1. La politesse est plus développée encore chez les Japonais que chez les autres Orientaux.

2. ROYER COLLARD. *Mémoire à l'Académie sur l'entraînement des boxeurs anglais,* 1842. Voir aussi sur le même sujet : LAGRANGE. *Physiologie des exercices du corps.* Paris, Alcan, 1889, p. 189, 190.

pendant un point qui a son importance au point de vue pratique. Toutes les fois que cela est possible, et plus particulièrement pour les exercices de développement musculaire, de résistance et d'endurcissement, les Japonais ont recours à des procédés analogues à ceux de la gymnastique *de l'opposant,* c'est-à-dire qu'ils font, le plus souvent, travailler ensemble et l'un contre l'autre deux élèves; ils évitent ainsi l'ennui inséparable des mouvements méthodiques, maintiennent l'entrain et la bonne humeur tout en faisant appel à l'amour-propre, et préparent plus efficacement l'élève au combat en lui faisant exécuter, dans des conditions aussi voisines que possible de la réalité, les mouvements d'attaque ou de défense qu'il devra utiliser plus tard (¹).

---

1. Le bon sens indique que c'est ainsi qu'il faut procéder, l'entrainement étant surtout, comme le disait M. le professeur Marey,

Ajoutons aussi que les Japonais attachent la plus grande importance à la pratique des sports de plein air, et surtout aux plus simples d'entre eux, le canotage et la marche.

Ce n'est qu'après avoir assis sur ces bases solides l'édifice physique, et fait du sujet qu'on leur a confié un homme vigoureux et entraîné, dont les poumons, le cœur, les muscles et les tendons sont capables de supporter des efforts sérieux, que les Japonais lui font réellement entreprendre l'étude de la deuxième partie du *jiu-jitsu,* celle qui constitue en quelque sorte l'escrime de combat sans armes qui leur est propre.

---

le résultat de l'adaptation de l'organe à la fonction. « Prétendre « faire l'éducation d'un marcheur, d'un coureur, ou d'un sauteur « par des moyens différents de l'exercice lui-même ou par des « mouvements qui ne sont pas identiquement ceux que réclame « l'exercice, c'est établir des habitudes fausses par de fausses « associations. » (DEMENY, Évolution de l'éducation physique en France, *Revue scientifique* du 30 septembre 1905.)

On a déjà beaucoup disserté sur cet art, nouveau en Europe, quoique déjà vieux au Japon *de plusieurs siècles,* et nous n'avons pas la prétention de faire connaître en quelques lignes un sport où l'exécution est tout et où la théorie n'est presque rien. Nous nous contenterons d'en indiquer sommairement les procédés généraux.

Nous rappellerons d'abord un principe qui, dans les méthodes de combat japonaises, prime tous les autres, c'est qu'*en combat,* tout est permis : il n'y a point de réglementation et, par suite, il ne peut y avoir aucune déloyauté. Nous voilà loin des conventions artificielles de l'ancienne escrime et même des conventions actuelles de la boxe anglaise ou française. Oserons-nous ajouter que les Japonais nous paraissent absolument dans le vrai : vouloir faire de la chevalerie avec l'apache qui vous attaque au détour d'une rue serait enfantin ; il faut évidemment opposer à son adversaire les procédés qu'il emploie lui-même, mais pour ce faire, il faut avoir étudié ces procédés, ce que nous interdit plus ou moins, à l'heure actuelle, une pruderie parfaitement ridicule. Bien entendu, cela ne veut pas dire que, dans des assauts courtois, il ne faut pas employer des procédés courtois, mais de même qu'en boxe on emploie des gants rembourrés pour porter sans danger des coups plus ou moins dangereux par eux-mêmes, de même, dans les assauts du *jiu-jitsu*, on portera courtoisement des coups qui ne le sont point. On a parlé à ce propos de spectacle répugnant. Croit-on qu'il soit beaucoup plus *élégant* d'écraser d'un coup de poing le nez de son adversaire que de le forcer par une vigoureuse torsion de bras à demander merci ?

Quoi qu'il en soit, dans le *jiu-jitsu*, il n'y a aucune convention, tout est autorisé, et l'adversaire n'est vaincu que quand il demande grâce. C'est là une différence essentielle avec la lutte telle qu'on la pratique en Europe. On verra, d'ailleurs (page 11), qu'il existe au Japon une lutte analogue à la nôtre et n'ayant aucun rapport avec le *jiu-jitsu* proprement dit.

Les procédés du *jiu-jitsu* sont extrêmement variés, mais ce qui les caractérise en général, c'est qu'ils font appel bien plus à l'adresse qu'à la force musculaire, celle-ci n'intervenant qu'en seconde ligne, un peu comme dans les différentes escrimes. Le *jiu-jitsuan* cherche à déséquilibrer son adversaire, à lui faire faire de faux mouvements dont il profite pour le tomber, à tourner contre lui les efforts mêmes qu'il fait pour se dégager d'une prise, toutes choses qui ne nécessitent pas un grand développement de force physique, mais de l'adresse, du coup d'œil, de l'à-propos, de la vitesse, en un mot, *du tact*. Cela ne veut pas dire, bien entendu, que la force physique ne sert à rien.

Le *jiu-jitsu* fait, d'autre part, appel à certaines connaissances anatomiques ou physiologiques simples. Il se trouve dans le corps humain un certain nombre de points extrêmement sensibles sur lesquels il suffit d'agir de façon convenable pour causer à l'adversaire une souffrance intolérable qui le met hors d'état de continuer la lutte. Il existe même des points que les Japonais appellent les points vitaux, parce qu'en les attaquant de certaine façon, on peut causer mort d'homme (¹). On a cer-

---

1. Brown Séquard disait qu'il connaissait dans le corps humain cinq ou six points sur lesquels il suffit d'agir pour tuer un homme. Ce sont les points vitaux des Japonais.

tainement beaucoup exagéré les effets qu'on peut produire ainsi et surtout la facilité avec laquelle on peut les produire. En réalité, les coups de ce genre sont assez peu nombreux, ou du moins il en est très peu qu'on puisse porter sur un homme *habillé,* à moins d'être extraordinairement exercé et de pouvoir les exécuter avec une précision parfaite. Ils existent, mais, à part quelques exceptions qu'il est bon et intéressant de connaître, ce ne sont pas des coups pratiques.

Par contre, des coups éminemment pratiques sont ceux qui tendent à faire exécuter à l'adversaire des mouvements antiphysiologiques ou encore des mouvements dirigés dans un sens où la disposition de ses muscles ne lui permet pas de résister.

Les premiers comprennent tous les coups qui tendent à déboîter ou forcer une *char-*

nière quelconque du corps humain, les autres ceux qui utilisent des torsions : torsion
de la tête, des doigts, des mains, des bras,
des jambes, des pieds.

On voit que si la pratique du *jiu-jitsu* ne
demande pas les connaissances anatomiques qu'on s'est plu quelquefois à dire nécessaires, elle exige néanmoins une certaine
étude du corps humain, et des mouvements
que peut exécuter le squelette.

Le *jiu-jitsu* se prête du reste à une foule
de combinaisons, de ruses et de feintes qui
en font un art extrêmement intéressant, une
véritable escrime aussi captivante que celle
de l'épée, et si le *jiu-jitsu* réussit à s'accli-
mater dans notre pays, comme nous le
croyons ('), on verra sans doute un jour les
assauts de *jiu-jitsu* attirer la foule et la

---

1. Une école de *jiu-jitsu* a été fondée récemment à Paris, dans
le quartier des Champs-Élysées, rue de Ponthieu.

passionner avec plus de raison certes que bien des exhibitions pseudo-sportives actuellement à la mode.

Il reste dans tous les cas au *jiu-jitsu* le mérite d'être une gymnastique capable de donner à l'homme le développement le plus harmonieux et le plus complet à tous les points de vue qu'il soit possible d'imaginer.

L. F. et J. P.

26 octobre 1905.

———

P.-S. — Le jour même où nous achevions d'écrire ces lignes nos prévisions se trouvaient réalisées et un match se disputait à Courbevoie entre le professeur Re-Nié, instructeur de *jiu-jitsu* à l'école de la rue de Ponthieu, et le maître Dubois, représentant des sports de défense français, qui avait lancé un défi à Re-Nié.

Le maître Dubois est à la fois un escrimeur très fin, un

boxeur redoutable, un faiseur de poids et d'haltères de premier ordre. Sa taille est 1^m,68 ; son poids de 75 kilos. Il
est né en 1865.

Re-Nié, qui a trente-six ans, mesure 1$_m$,65 et pèse 63 kilos.
Il a appris le *jiu-jitsu* à Londres sous la direction des maîtres japonais Miyakie et Kanaya. Bien que robuste, il est
notablement moins vigoureux que son adversaire.

Le combat ne devait cesser que lorsque l'un des antagonistes se reconnaîtrait vaincu. Il a été très rapidement terminé par la victoire du *jiu-jitsuan*. En voici le compte
rendu sommaire.

Au commandement : *Allez,* les deux adversaires se portent rapidement l'un vers l'autre, s'arrêtent à peu près à
2 mètres et s'observent trois ou quatre secondes. Sur une
feinte de Re-Nié, Dubois esquisse du droit un coup de
pied bas que Re-Nié esquive. Dubois porte alors un coup
de pied de flanc, mais *en même temps* Re-Nié *rentre* d'un
véritable bond de chat et saisit Dubois à bras-le-corps.
Dubois essaie un tour de hanche ; Re-Nié, que ce mouvement a placé à droite de son adversaire, appuie la main
droite sur l'abdomen de ce dernier en même temps qu'il
lui comprime les muscles lombaires avec la main gauche
et lui envoie un coup de genou sous la cuisse droite.
Dubois *bascule* et tombe sur les omoplates comme une
masse ; il porte néanmoins à Re-Nié, tombé sur lui, une
prise de gorge qui permet à celui-ci de s'emparer de son
poignet droit. Re-Nié passe immédiatement la jambe gauche
en travers de la gorge de Dubois et se renverse sur le dos
à droite de son adversaire, en lui maintenant avec ses deux
mains le bras sur son abdomen, le coude en-dessous, le
bras passant entre ses deux jambes. Une vigoureuse pression exercée sur le poignet de Dubois menace de lui désar-

ticuler le bras qui se trouve en porte-à-faux. Dubois essaie de résister pendant une fraction de seconde et demande grâce.

Le match avait eu, au total, une durée de vingt-six secondes ; l'engagement proprement dit n'avait duré que six secondes.

Cette défaite si rapide d'un athlète très vigoureux et très exercé par un homme dont les moyens physiques sont visiblement très inférieurs aux siens, montre tout l'intérêt que présente le *jiu-jitsu* au point de vue des sports de défense.

PRÉFACE

En présentant cet ouvrage au public, l'auteur a conscience d'offrir aux lecteurs qui ne connaissent que le système d'athlétisme américain, quelque chose de réellement nouveau. Le système japonais d'entraînement physique est si ancien qu'il remonte à une époque antérieure à l'ère historique de ce peuple. Même, à l'heure actuelle, après avoir emprunté à la civilisation occidentale tout ce qui leur a semblé nécessaire au développement national, les Japonais conservent le *jiu-jitsu* (¹), avec ses principes fondamentaux, comme un moyen de parvenir au bien-être physique. Ils ont fait plus encore : alors que le *jiu-jitsu* était jadis réservé à l'aristocratie seule, on l'enseigne aujourd'hui à tous les indigènes du *Daï Nippon* qui désirent le connaitre. La valeur du *jiu-jitsu* est démontrée par ce fait que les Japonais, en dépit de leur petite taille, possèdent une endurance supérieure à celle de tous les autres peuples de la terre.

____

1. Prononcez *djiou-djitss*.

Il peut sembler étrange que la présentation de cette science (car on peut à juste titre qualifier ainsi le *jiu-jitsu*) soit faite par un Américain. L'auteur n'a cependant pas hésité à entreprendre cette tâche. Il y a un peu plus de sept ans qu'il a commencé à travailler le *jiu-jitsu* dans son pays avec des amis japonais. Il a ensuite étudié à Nagasaki, sous Inouye San, professeur de *jiu-jitsu* de la police de cette ville. Plus tard, il a suivi des cours de perfectionnement chez des maîtres indigènes à Yokohama et à Tokio. Lorsque Inouye San a visité les États-Unis, l'auteur a reçu une fois de plus les enseignements de ce vétéran, qui est considéré comme l'un des meilleurs instructeurs du Japon.

On professe au Japon, à l'heure actuelle, six systèmes différents de *jiu-jitsu*. En principe, l'auteur a exposé cette science telle qu'elle est enseignée par Inouye San, mais son programme comprend en outre ce qu'il y a de mieux dans les autres écoles. Il s'est proposé de donner un tout parfait, embrassant les principes essentiels de l'hygiène, ainsi que les coups d'attaque et de défense indispensables pour faire un homme ou une femme physiquement parfaits.

Le lecteur trouvera un très grand intérêt à examiner de près les deux modèles japonais qui ont posé pour les illustrations de cet ouvrage. Le plus petit ne pèse que 120 livres ($54^{kg},360$), mais c'est un colosse en miniature. Sa force dépasse celle d'un athlète américain de 175 livres ($79^{kg},275$) et cela l'auteur ne l'affirme qu'après des expériences probantes. Or le secret de cette force surprenante peut être facilement pénétré par qui veut y consacrer du temps et de la volonté.

Un homme, une femme ou un enfant de santé normale n'a aucune raison d'être faible. Au Japon, la faiblesse ou la maladie prolongée est considérée comme l'apanage exclusif d'une vieillesse avancée. Un Américain des plus autorisés en fait d'entrainement physique a déclaré que « la faiblesse est un crime ». Les Japonais considèrent le manque de force comme une anomalie ou une excentricité.

La pratique de cette méthode amusante, vivifiante, présente un danger dont le lecteur doit être avisé. Les Occidentaux sont impétueux, impatients. Certains veulent arriver à posséder la science tout entière en une semaine. Au Japon, un cours complet de *jiu-jitsu* demande quatre ans.

Plus d'un Occidental passera rapidement sur les

pages de ce livre qui décrivent le meilleur régime, l'usage qu'on doit faire des bains, l'emploi de vêtements appropriés, les respirations profondes et la nécessité d'une répétition prolongée des exercices de résistance. Ces derniers constituent, au point de vue musculaire, la base du succès dans les coups de combat.

L'auteur a parfois recruté parmi ses amis des élèves de *jiu-jitsu*. Presque invariablement ces élèves ont écouté avec impatience les leçons fondamentales et ont voulu passer de suite aux coups de combat qui suivent. C'est là une grave erreur. Il faut d'abord construire les fondations et élever ensuite graduellement l'édifice. Le *jiu-jitsu* ne présente point de danger si l'on entame chaque étape au moment voulu, et dans notre ouvrage chaque étape a été indiquée à la place qui lui convient.

Mais le danger apparaît quand on passe au travail final avant de s'être rendu parfaitement maître des leçons préliminaires. Pendant plus de sept ans de pratique de *jiu-jitsu*, l'auteur n'a été blessé qu'une fois en assaut. Ce fut avec une jeune élève remplie d'aptitude qui voulut aborder prématurément les coups difficiles. L'auteur tomba son élève sans dommage, et l'invita alors à attaquer de la manière qu'il lui avait enseignée. Mais elle employa un autre mode d'attaque, et comme la seule parade permettant d'éviter la défaite aurait eu ce fâcheux résultat d'affaiblir l'élève pour longtemps et d'une façon sérieuse, l'auteur préféra se laisser vaincre ; il en résulta pour lui une rupture des ligaments de la jambe droite. Si l'élève avait été parfaitement confirmée dans le travail préliminaire, elle aurait su comment tomber son adversaire sans dommage pour ce dernier.

Entre les mains d'un ignorant, le *jiu-jitsu* peut devenir dangereux. Mais pour ceux qui veulent bien étudier chaque leçon en observant la progression indiquée, et qui n'essaient point d'aller plus vite qu'il ne faut pour se rendre complètement maître de chaque phase successive de la science, il n'existe point de danger, et le développement physique parfait viendra alors lentement, mais avec une certitude qui fera le bonheur de l'élève.

H. Irving Hancock.

New-York, 23 octobre 1903.

JIU-JITSU

ENTRAÎNEMENT PHYSIQUE

Des Japonais

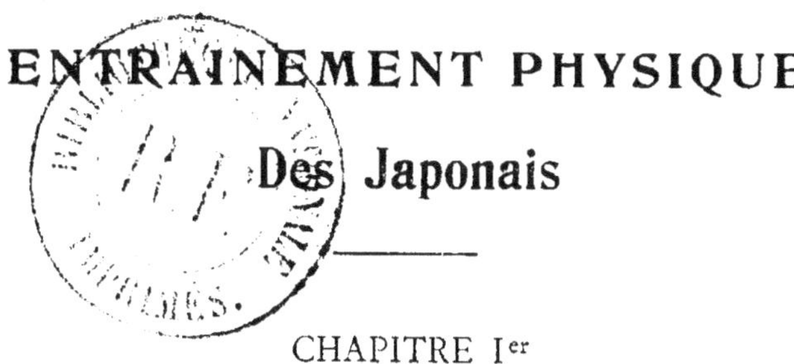

CHAPITRE Ier

HISTOIRE DU « JIU-JITSU »

Ses principes fondamentaux

On a mis de nos jours à la mode une foule de systèmes d'entraînement physique, excellents pour la plupart. Il semblerait donc, à première vue, que le besoin d'un nouveau livre sur ce sujet ne se fasse nullement sentir.

L'auteur n'en désire pas moins faire connaître une méthode qui, après expérience faite, lui a paru la plus remarquable de toutes, la plus propre à donner au corps la perfection et la santé, et à le rendre capable d'efforts qui semblent impossibles à un Occidental.

Il n'y a certainement pas au monde de race plus solide que la race japonaise. Pendant la campagne des alliés en Chine, en 1900, les Japonais ont constamment prouvé qu'ils étaient de cinquante pour cent au-dessus des troupes américaines — et cela bien que l'infanterie des États-Unis se fût classée la seconde au point de vue de l'endurance (¹).

Quelle était donc la cause qui permettait aux petits hommes du *Daï Nippon* de surpasser si aisément les grands et vigoureux gaillards des régiments américains ? Car il n'était pas jusqu'aux brevetés frais émoulus de West-Point, qui, en dépit de leur superbe entraînement physique, ne contemplassent d'un œil d'envie l'endurance de ces petits hommes jaunes.

Histoire du « jiu-jitsu »

Les Japonais désignent leur système d'entraînement physique sous le nom de *jiu-jitsu*, ce qui

---

1. Il ne faut pas oublier que c'est un Américain qui parle et que par conséquent les troupes américaines passent pour lui avant les troupes européennes. Mais le fait à retenir c'est que tout officier ayant fait la campagne de Chine, à quelque nationalité qu'il appartienne, reconnaît que les troupes japonaises se sont montrées supérieures comme endurance à celles de tous les pays *autres que le sien*. La conclusion est facile à tirer. (*Note du traducteur.*)

signifie littéralement *brise-muscles ;* mais, ainsi que le verra plus loin le lecteur, cette dénomination n'est pas tout à fait le terme propre.

Dès les premiers temps de l'histoire, et même aux temps légendaires, il existait au Japon une classe inférieure de nobles qui correspondait très exactement aux chevaliers de l'Europe féodale. Ces hommes, qu'on appelait les *samouraï,* étaient les guerriers de l'Empire. Chaque *samouraï* portait deux sabres — son bien le plus précieux ; la plèbe n'avait le droit d'employer d'autres armes que les bâtons et les pierres. Bien entendu, la caste des *samouraï* était rigoureusement fermée. Tout membre de cette caste, homme ou femme, pouvait régulièrement se marier dans une famille de noblesse supérieure ; quiconque s'alliait à une caste inférieure perdait par cela même sa caste. Le rang de *samouraï* était héréditaire. Tout fils de *samouraï,* à moins de s'exclure lui-même, conservait sa caste et adoptait la profession des armes. Les individus débiles, relativement peu nombreux, gardaient leur caste, mais ne se mariaient point.

Sur le champ de bataille, les *samouraï* ne portaient autre chose que leurs sabres et les vêtements dont ils étaient revêtus. Les *simples soldats* qui les accompagnaient étaient chargés des bagages comme nos varlets du Moyen Age. On regardait comme indigne d'un *samouraï* toute besogne ne se rattachant point directement au combat, à son apprentissage ou à sa préparation. Il s'ensuivait que les *samouraï* consacraient aux exercices athlétiques une grande partie de leur temps qui, autrement, fût resté sans emploi.

Il va de soi que l'escrime du sabre, combat scientifique avec des bambous longs ou courts, primait tous les autres exercices. La course, le saut et la lutte occupaient ensuite la partie la plus importante de la journée du chevalier japonais. Cette vie extérieure active, combinée avec un régime frugal et rationnel, faisait tout naturellement, des *samouraï*, des hommes remarquablement vigoureux.

Mais il devait y avoir mieux encore pour le développement physique de ces petits hommes.

Un gaillard intelligent s'aperçut un jour qu'en comprimant avec le pouce ou avec les doigts certains muscles ou certains nerfs, on pouvait provoquer une paralysie momentanée. Il découvrit aussi qu'en faisant usage du tranchant de la main, convenablement endurci, pour frapper, sous un certain angle, un bâton de bambou, on pouvait briser ce dernier. Mais s'il pouvait arriver à paralyser ainsi ses nerfs et ses muscles, pourquoi n'aurait-il pas obtenu le même résultat sur ceux des autres ? S'il était capable de briser un bâton d'un coup sec du tranchant de la main, pourquoi ne pourrait-il s'entraîner à casser de la même façon le bras d'un adversaire dangereux ? Tel fut le début du *jiu-jitsu*.

S'il était possible de vérifier les conjectures qui précèdent, il serait intéressant de chercher comment l'inventeur du *jiu-jitsu* fit sa première découverte. Il est probable qu'il débuta, par hasard, par le coup de l'articulation du coude([1]), cette niche bien connue des enfants. Il fut amené ainsi à se demander s'il ne se trouvait pas chez l'homme d'autres nerfs ou d'autres muscles auxquels on pût s'attaquer. Il commença vraisemblablement par découvrir qu'on pouvait infliger une douleur très sérieuse au bras.

Pincement de bras (*fig. 2*). — Cherchez un point situé sur le bras à peu près à mi-chemin

---

1. L'auteur américain appelle ce coup *funny bone*, littéralement *os rigolo*; on sait qu'il consiste à pincer un nerf de la gouttière cubitale.

entre le coude et l'épaule. Empoignez le membre de façon que les doigts viennent en quelque sorte fouiller dans les muscles, en arrière du milieu de l'os, l'extrémité du pouce prenant appui sur la face antérieure de celui-ci. Les doigts et le pouce doivent comprimer vigoureusement les lignes parallèles des muscles et des nerfs, sans relâcher leur prise si peu que ce soit. L'expérimentateur trouvera de suite, sur son propre bras, les emplacements exacts de ces muscles et de ces nerfs, et un peu de pratique avec un ami lui enseignera rapidement la manière de saisir le bras de l'adversaire et de le rendre momentanément sans force.

Le *pincement de poignet* est tout à fait analogue.

Principes du « jiu-jitsu »

Tel est le point de départ de l'étude du *jiu-jitsu*. Chacun, avec un peu de travail, trouvera dans les bras et dans les jambes des points où il est possible de pratiquer des prises tout à fait analogues. Beaucoup de celles-ci seront décrites plus loin. Une fois que l'élève aura parfaitement saisi le principe, il pourra perfectionner lui-même son instruction.

Dans le double but de s'initier à l'art de la dé-

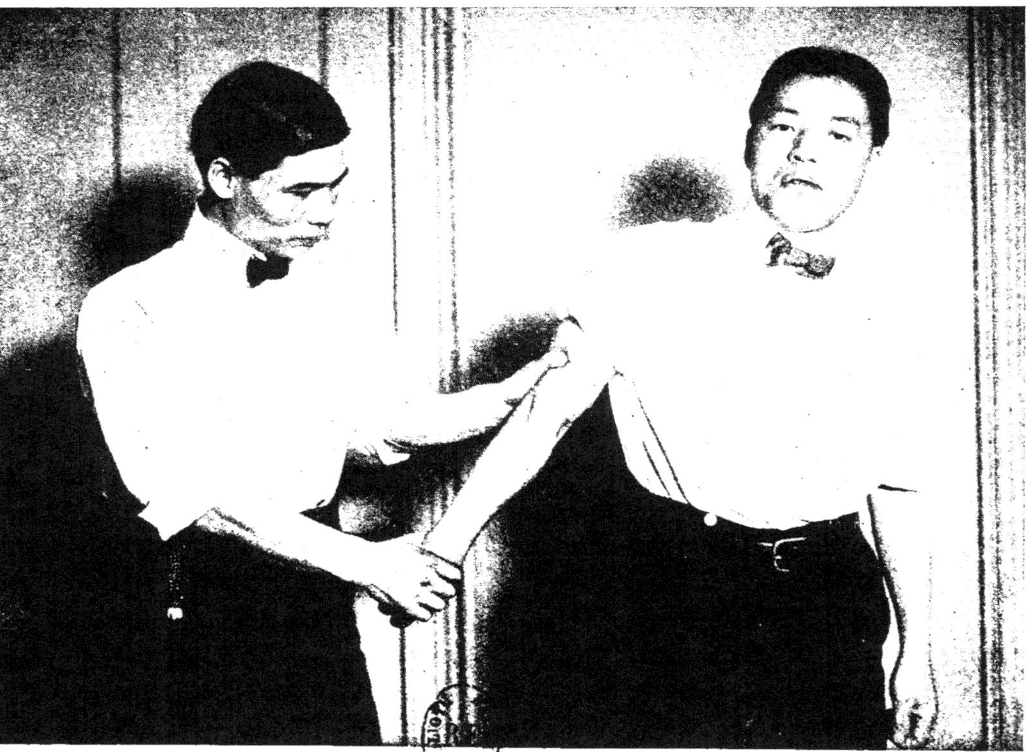

Fig. 2. — *Le pincement de bras.*

Employé pour paralyser le bras de l'adversaire.

fense personnelle et d'accroître sa force musculaire, le débutant devra profiter de toutes les occa-
sions pour chercher les parties du corps qu'une
prise convenable est susceptible d'endolorir et de
paralyser. Le principe essentiel de ce travail est
facile à déduire du pincement de bras que nous
venons de décrire. L'élève doit se familiariser lui-
même assez complètement avec tous les endroits
vulnérables pour pouvoir les empoigner d'une
façon rapide et sûre.

Effets qu'obtiennent les adeptes du jiu-jitsu.
— C'est un principe du *jiu-jitsu* qu'un homme
faible doit pouvoir attaquer un homme plus fort,
et le vaincre précisément en tirant parti de la force
plus grande de ce dernier. Un peu de pratique du
pincement de bras convaincra tout expérimentateur
que, lorsque son bras a été empoigné en état de
relâchement musculaire, la souffrance causée par
l'attaque de son adversaire s'accroîtra d'autant plus
que le défenseur lèvera son bras et contractera ses
muscles. Quand l'élève est attaqué à l'improviste
et se rend compte qu'il est sûr d'avoir le dessous, il
vaut mieux qu'il cède de suite et évite ainsi d'accroître sa souffrance.

Il y a très peu de coups japonais pour lesquels la douleur persiste après que les adversaires se sont séparés. On n'a recours aux coups d'attaque ou de défense capables d'estropier ou de causer une douleur persistante que quand la sûreté du sujet est très sérieusement compromise. Il ne faut donc pas s'étonner si les Japonais regardent la boxe anglaise comme brutale, et s'ils estiment que leur méthode de combat est *la seule digne d'un gentleman !*

Comparaison du « jiu-jitsu » et de la boxe. — On a, dans ces dernières années, beaucoup discuté sur la valeur relative du *jiu-jitsu* et de la boxe anglaise ou américaine comme méthodes de défense. Il est très probable qu'un Japonais qui entrerait en compétition avec un boxeur américain exercé serait battu — en supposant que le petit homme jaune prit des gants et fût obligé, pour combattre, de se conformer aux règles du *ring*. Mais le boxeur américain serait encore plus facilement défait s'il était contraint d'entrer dans l'arène et de combattre en observant les règles du *jiu-jitsu*. La méthode des *samouraï* n'est pas faite pour le combat à poings fermés, enveloppés de gants rembourrés. Le travail japonais doit se faire avec la main nue et habituellement ouverte. Si un boxeur américain de six pieds devait mettre des gants et entrer en lutte avec un Japonais descendant des *samouraï,* plus petit que lui de plusieurs pouces et de poids beaucoup plus faible, et si chaque combattant appliquait sa tactique propre, il ne pourrait se produire qu'un seul résultat : en admettant que chacun soit également expert dans sa spécialité, c'est le Japonais *avec sa petite taille* qui serait vainqueur.

Entraînement du tranchant de la main. — Dès que le principe du pincement de bras a été compris, et appliqué comme procédé de recherche à toutes les parties du corps, l'élève passe à une étape importante de la méthode. Serrer les uns contre les autres les doigts étendus de l'une ou de l'autre main ; peu importe que le pouce soit écarté ou appuyé contre l'index. Frapper avec le tranchant de la main sur le genou, en faisant travailler le côté externe du petit doigt autant que le tranchant de la main proprement dit. Il importe de ne pas oublier d'exercer le petit doigt car, lors d'une attaque mal portée avec le tranchant de la main, le petit doigt peut se briser dans le cas d'un coup violent.

Ce travail d'endurcissement de la main doit se

poursuivre en tout temps, et l'on ne doit jamais perdre de vue l'importance qu'il présente. On devra l'exécuter de préférence en frappant à coups répétés du tranchant de la main sur le bras d'un siège en bois ou sur le dessus d'un pupitre. Au début, cet exercice ne comportera que des coups aussi légers que possible, et la violence du coup ne s'accroîtra que très graduellement à mesure que les semaines s'écouleront. Quand le tranchant de la main devient douloureux, c'est un signe certain que le travail est trop sévère. On ne peut vraiment endurcir le tranchant de la main en moins de six mois. Un élève qui consacre à cet exercice quelques minutes de suite, trois ou quatre fois par jour, constatera qu'un travail persistant d'une année l'a rendu capable d'accomplir la performance japonaise qui consiste à briser une canne avec le tranchant de la main. Peu de coups de défense peuvent être parfaitement exécutés, avant que la main ait été complètement endurcie par cet exercice ou par d'autres qui seront décrits dans un chapitre ultérieur.

Différence entre le jiu-jitsu et la lutte. — Au Japon, tout soldat, marin ou policier est astreint à suivre un cours officiel de *jiu-jitsu*. Maintenant

Fig. 5. — *Le lutteur japonais vieux style.*

Type ordinaire. Taille : 6pi,3po (1m,905). Poids : 280 livres (127 kilos).
Entraîné à la lutte dès l'enfance.

que les *samouraï* ont été supprimés en tant que caste exclusivement combattante, et qu'une vie d'action est devenue accessible à tous les sujets de l'empereur, la science du *jiu-jitsu* a été ouverte à tout venant — même aux étrangers.

Il est une erreur commise par bien des Occidentaux : c'est celle qui consiste à confondre le *jiu-jitsu* avec la lutte japonaise. Il n'existe que peu ou point de ressemblance entre les deux sports. Le premier était jadis l'art favori de l'aristocratie, tandis que l'autre le remplaçait pour le peuple.

Les lutteurs japonais commencent leur carrière à l'âge de deux ou trois ans. Les petits garçons qui paraissent les meilleurs sont mis à part, et on les développe en se conformant aux règles d'un entraînement qui en fait des géants au moment où ils parviennent à l'âge viril (*fig. 3*). Il est tout à fait normal de voir un lutteur japonais arrivé à son plein développement atteindre une taille de six pieds quatre pouces ($1^m,93$). Autrement dit, il a environ un pied de plus que la moyenne de ses compatriotes.

Quand le *jiu-jitsu* sortit de l'obscurité où le maintenait le secret juré, les lutteurs devinrent jaloux de ses lauriers. Les lutteurs ont toujours été regardés avec crainte par leurs petits camarades du peuple. Il y a quelques années, eut lieu à Tokio une épreuve du plus grand intérêt. Les lutteurs amenèrent leur meilleur homme. Les descendants des *samouraï* choisirent un champion qu'ils considéraient comme un digne représentant de leur art. Le lutteur devait employer sa tactique propre, l'homme des *samouraï* jouissant du même privilège à l'égard de ses règles spéciales. Des milliers de spectateurs s'assemblèrent pour être témoins de ce combat. Au signal, les deux hommes se ruèrent l'un sur l'autre. Au bout de quinze secondes, mesurées au chronomètre à pointage, le lutteur gisait sur le dos et se reconnaissait battu. En ce qui concerne la taille, l'homme du peuple avait quelque chose comme un pied de plus ; il pesait deux fois autant que son petit adversaire.

Depuis ce jour mémorable, la lutte vieux style a été en déclinant au Japon. Le lutteur continue toujours à attirer quelque attention, mais il est tombé au niveau de l'acrobate de foire. Il y a quelques années, un Japonais parcourut les États-Unis et vainquit tous ceux de nos champions qui se présentèrent. On supposa que c'était un lutteur japonais de première classe. En réalité, ce n'était que le domestique d'un lutteur japonais de deuxième ordre. Si le maitre était venu à la place du domestique, nos lutteurs américains auraient été encore bien plus surpris. Et cependant, à l'heure actuelle, on admet au Japon qu'un maitre de *jiu-jitsu* est *physiquement* supérieur à un lutteur de première classe qui a plusieurs pouces de plus que lui, avec une grande supériorité de poids.

Le « jiu-jitsu » est un art très complexe. — Pour prévenir l'erreur qui consiste à ne voir dans le *jiu-jitsu* qu'une simple collection de trucs de gymnastique et de combat, il est bon de déclarer que cette antique science comprend une connaissance approfondie de l'anatomie, du régime, de la valeur de l'hydrothérapie externe et interne, de l'hygiène de la maison et du plein air, et de tous les principes vitaux d'une *existence rationnelle*. Le tout peut, à vrai dire, se résumer dans ces deux derniers mots.

Toute force a pour base un régime convenable. En ce qui concerne ce côté capital de l'existence, les Japonais sont encore très en avance sur nous.

Les soldats japonais, qui étaient capables de faire
gaiement une quinzaine de milles pour chaque di-
zaine de milles couverte par nos troupiers américains sur la route de Pékin, ne possédaient rien
d'analogue aux approvisionnements réglementaires
de nos troupes. Les Japonais sont des mangeurs
sobres et raisonnables.

CHAPITRE II

CE QUE MANGENT LES JAPONAIS

De l'avis des *samouraï* du vieux Japon, la première chose à faire pour bâtir l'édifice physique était de choisir un régime sain et raisonnable, ce qui ne voulait pas dire un régime riche en viande et en condiments. A la différence des Chinois, les Japonais se souciaient peu de manger de la viande, même quand ils pouvaient s'en procurer facilement. En fait, cet aliment est encore peu en vogue à l'heure actuelle chez les indigènes du Japon.

En 1899, l'empereur chargea une commission de déterminer s'il y avait lieu de prendre des mesures pour augmenter la taille et la corpulence de ses sujets. Les Japonais sont notablement plus petits que leurs frères d'Europe et d'Amérique ; et l'empereur avait eu un instant l'idée que l'on pouvait améliorer la race en accroissant sa taille. Une des questions que Sa Majesté proposa à la commission était de savoir s'il convenait de préconiser un régime mixte comportant l'emploi de la viande. Après de longs et sérieux travaux, la commission conclut qu'il ne pouvait résulter de l'accroissement de la taille ou du poids aucun avantage positif. Quant au régime de la viande, la commission déclara que les Japonais avaient toujours trouvé moyen de s'en passer, et que leur endurance et leurs prouesses athlétiques dépassaient celles de toutes les races européennes.

Le riz aliment essentiel des Japonais. — Le régime japonais a pour base le riz. Celui-ci est cuit à l'eau ou à la vapeur. Préparé comme le font les ménagères japonaises, il ne souffre pas la comparaison avec la bouillie qu'on sert parfois sur les tables américaines ([1]). Le grain tel qu'on l'apporte sur la table — la table au Japon n'est d'ordinaire autre chose que le plancher — est une nourriture moelleuse, fumante et agréable au goût, qui n'a nul besoin de condiments pour être facilement acceptée par l'estomac. Quand on fait cuire le riz

---

[1]. La bouillie qu'on sert en guise de riz sur les tables françaises n'a également aucune analogie avec l'excellent mets que préparent les Chinois ou les Japonais.

à l'eau bouillante, on ne le remue jamais. Quand on le fait cuire à la vapeur, cette opération est naturellement inutile.

Dans ces dernières années, on a fait une tentative pour introduire au Japon la farine blanche de froment. Bien que quelques indigènes l'aient ajouté à leur régime, cet aliment est resté impopulaire. Les Japonais trouvent que le riz est plus agréable au goût, plus sain, et donne plus de force et d'énergie. Quand ces petits hommes désirent manger quelque chose qui ressemble à du pain ou à des gâteaux, ils font de délicieux petits pâtés à base de farine de riz.

Sous une forme ou sous une autre, le riz trouve sa place sur la table japonaise (ou plancher) à chaque repas. Depuis quelques années, les pommes de terre ont pénétré au Japon : on rencontre ces tubercules sur les marchés de toutes les grandes villes, mais si les Japonais en mangent, ce n'est guère que par curiosité. Le riz continue toujours à leur tenir lieu de farine de froment et de pommes de terre. C'est la base essentielle du régime des habitants du « Pays du Soleil levant ».

Dans leurs marches phénoménales, les troupes japonaises ne transportaient souvent d'autre nourriture qu'un petit sac de riz(¹). Quand la chose est possible, on leur distribue de l'orge et des haricots en petites quantités, mais uniquement dans le but de varier le régime. Une petite poignée de riz jetée dans l'eau qui bout sur un feu de campement fournit un repas constituant une nourriture idéale — c'est-à-dire une nourriture qui donne de l'endurance sans réaction.

Le voyageur qui approche des côtes japonaises aperçoit tant de jonques qu'il peut légitimement en conclure que chaque famille de l'Empire possède au moins un de ces antiques et utiles bâtiments. Il n'est pas un point le long de la côte habitée où l'on ne puisse distinguer une flottille de jonques. Un naturaliste farceur déclarait que les eaux japonaises renferment quarante mille variétés de poissons, toutes comestibles sauf trois. Il ajoutait qu'il existe plus de quarante mille manières de les préparer. Il n'y a nulle part au monde de territoires de pêche aussi *prolifiques* que ceux qu'on trouve sur les côtes du Japon. On y prend le poisson en

---

1. Il en est de même pour les soldats et les coolies annamites ou chinois, ce qui leur donne, au point de vue de l'alimentation, une énorme supériorité sur les troupes européennes.

telle quantité et avec si peu de difficulté qu'il forme tout naturellement une partie importante du régime japonais et cela, semble-t-il, avec grand avantage.

Très souvent le poisson est servi cru, soit à l'état nature, soit avec une sauce peu relevée. Quand le poisson est bouilli, on n'emploie d'autre condiment que le sel. Le poisson grillé est peu répandu, mais dans les familles riches on le sert avec un assaisonnement de beurre fondu. La façon de beaucoup la plus répandue de préparer le poisson est de le sécher d'abord, et de le faire bouillir ensuite avec un peu de sel. Le poisson séché est servi, qu'il soit ou non bouilli, sur du riz. Un bol de riz et un peu de poisson sont considérés comme un repas amplement suffisant pour un coolie qui doit fournir dix ou douze heures de dur travail manuel dans sa journée.

Les légumes et les fruits constituent une partie importante du régime alimentaire des Japonais. Au point de vue des propriétés nutritives, le riz tient, à leur avis, le premier rang, les légumes viennent au second, tandis que le poisson arrive bon troisième et que les fruits prennent la quatrième place. A l'ex-

ception des pommes de terre, les Japonais possèdent en abondance tous les légumes qui poussent
dans notre pays. Ils sont friands de laitue, surtout
le soir, et ils regardent ces feuilles vertes comme
un excellent calmant pour les nerfs. Étant donné
que l'on constate rarement des désordres nerveux
chez ce petit peuple, cette opinion a droit au res-
pect. Les tomates et les carottes sont tenues en
haute estime, et bien que les Japonais soient incontestablement le peuple le plus poli du monde,
peu d'entre eux laissent passer une semaine sans
manger deux ou trois plats de tranches d'oignon
cru. Il est certaines particularités de la *cuisine*
japonaise qui sembleront certainement singulières
aux ménagères américaines. Tandis que les oignons
ne sont jamais servis cuits — les Japonais préten-
dant que la chaleur leur enlève leur valeur nutritive
— les concombres sont bouillis et servis chauds.
Les radis sont également bouillis et offerts avec
une sauce peu relevée. Le céleri est servi de la
même façon. On ne voit pas souvent de fruits sur
la table ; on les mange généralement entre les
repas.

Au premier abord, un Européen qui se fait gloire

de ses « trois repas réguliers » ne sera vraisemblablement pas satisfait des mets qu'on lui offrira dans
une maison japonaise.

On se fera une idée fort juste du régime ordinaire d'un manœuvre japonais par la conversation
que l'auteur eut avec un porteur de charbon indigène, en visitant un navire dans le port de Nagasaki.

Un chaland de charbon se trouvait le long du
bord. Des indigènes, hommes, femmes, garçons
et filles, travaillaient comme une bande de castors.
Ils chargeaient le charbon dans des paniers, dont
le poids pouvait atteindre de trente à cinquante
livres ; ces paniers étaient passés par un sabord ou-
vert, les Japonais se tenant assez près les uns des
autres pour pouvoir jeter ou attraper les paniers,
qui arrivaient ainsi à destination dans les soutes du
navire. Aux bavardages et aux rires des porteurs,
on aurait pu croire que tout cela était un jeu —
alors que c'était en réalité un dur travail. A midi
un signal circula, et les porteurs de tout sexe et
de tout âge se groupèrent sur le pont du chaland.
Accompagné d'un ami japonais, je traversai la
planche allant au bâtiment charbonnier. Pas un
des manœuvres ne s'inquiéta de la curiosité ma-
nifeste que m'inspirait leur repas de midi. Quel-

ques-uns avaient commencé à manger. M'appro-
chant d'un petit homme à l'air robuste que j'avais
déjà remarqué comme l'Hercule de cette foule
orientale, je lui demandai :

— « N'avez-vous pas à manger ?

— Oh ! si », répondit-il en souriant, et il
souleva un petit morceau de toile bleu foncé qui
enveloppait quelque chose. Il ouvrit le paquet
pour étaler son repas de midi — une pomme, une
tomate et un oignon.

— « C'est tout ce que vous avez à manger ? »
demandai-je.

— « Eh oui », répliqua-t-il. « Je ne voudrais pas
manger davantage maintenant. J'ai encore cinq
heures de travail à faire cet après-midi. »

— « Et vos amis d'ici ? N'ont-ils pas apporté à
manger plus que vous ? »

— « Peut-être », répondit-il avec un sourire, en
haussant les épaules. « Ils vous le montreront. »

Une femme près de lui avait, dans une petite
boîte, quelque chose comme trois cuillerées à bou-
che de riz cuit. Une autre sortit de son paquet trois
tomates crues et une mince galette de riz d'un peu
plus de deux pouces de diamètre. Un enfant avait
deux gâteaux de riz semblables et une pomme.

Cela donne une idée très juste de la quantité de nourriture que ces gens travaillant dur trouvaient suffisante pour faire pendant cinq heures encore le pénible travail de porteurs de charbon.

Revenant à l'homme que j'avais tout d'abord interrogé, je lui demandai :

— Qu'avez-vous mangé ce matin à votre premier déjeuner ?

— Oh ! quelque chose de très bon : un bol de riz avec quelques petits morceaux de poisson sec.

— Et que mangerez-vous ce soir, quand votre journée de travail sera terminée ?

— Je ne sais pas. Cela regarde ma femme. Probablement elle me donnera du poisson frais bouilli, de la laitue, des tomates, des oignons et des concombres ou des radis. Mais il fera nuit avant que j'arrive à la maison, car aussitôt en partant d'ici nous irons aux bains. Vous savez, nous autres qui manipulons le charbon tout le jour, nous sommes réellement sales le soir. »

Je demandai à l'homme si je ne pouvais pas lui apporter quelque chose du navire. Il me répondit qu'il serait très content d'avoir de l'eau et il me donna un seau pour la rapporter. Je revins au chaland avec de l'eau distillée qui avait passé dans un serpentin entouré de glace ; mon homme me remercia, prit une gorgée d'eau et la cracha par-dessus bord.

— « Trop froid », remarqua-t-il. « Je vais la mettre un instant au soleil » (1).

Le soir même, j'eus la bonne fortune d'être invité avec mon ami indigène dans la maison d'un marchand japonais, honorable et bien posé. Mon hôte, sa femme, deux fils et une fille, mon ami et moi-même, nous nous assîmes en cercle sur le plancher, pendant que trois gentilles petites servantes disposaient devant nous le repas du soir. Autant que je puis me le rappeler aujourd'hui, le *menu* du repas était le suivant :

D'abord un bol de thé parfumé ; le thé était renouvelé pendant le repas toutes les fois que le bol était vide. Le premier plat consistait en un tout petit bol de poisson *en bouillabaisse*. Puis vint du riz, encore avec du poisson ; on apporta en même temps de la laitue, des tomates et des oignons accompagnés de concombres bouillis et de céleri. Un petit plat de tranches de carottes crues fut servi

---

1. Il est bon de remarquer que M. Irving Hancock est d'un pays où tout le monde boit *en tout temps* de l'eau glacée.

à chaque convive. Un autre plat de fruits conservés apparut avec le dessert et en même temps des gâteaux de farine de riz bien rissolés. On apporta encore du thé et les hommes allumèrent des cigarettes.

Craignant que mes goûts européens en fait de nourriture ne fussent point satisfaits, mon hôte demanda, dès le début du repas, s'il ne devait pas envoyer chercher à l'hôtel, par ses gens, un beafsteak ou une tranche de bœuf rôti. Mais le dîner était si appétissant et si délicat que le gâter avec de la viande aurait semblé une profanation.

Il faut remarquer qu'au Japon le lait fait rarement partie du régime alimentaire. Il y a à cela une très bonne raison : les indigènes mangent si rarement de la viande qu'il n'y a pas avantage à avoir des vaches. On trouve souvent du beurre, mais c'est ordinairement du beurre de conserve importé des États-Unis ou de l'Australie.

Dans la pratique, la seule différence entre le régime d'hiver et celui d'été consiste en ce que dans le premier la nourriture sert à fournir du calorique ; par suite on mange davantage de poisson en hiver. Le riz est servi plus souvent en galettes cuites ou grillées. Les fruits sont séchés pour la période d'hiver. Comme aliment réchauffant on mange beaucoup d'œufs cuits dur. La quantité de nourriture est légèrement augmentée en hiver, mais au premier abord un Européen mangeur de bœuf trouverait tout repas japonais trop léger. Les Japonais pensent qu'en toute saison nous mangeons trop, que nous imposons à notre estomac un travail excessif et que par suite nous ne pouvons développer notre maximum de force. Ils ont certainement raison ; tout au moins ont-ils démontré la valeur de leur système d'alimentation.

On n'emploie pas la viande comme aliment réchauffant, même aux jours les plus froids de l'hiver ; il en est de même des pommes de terre.

Les Japonais ne chauffent pas leurs maisons. S'ils ont froid, ils s'habillent en raison des exigences de la température. Il est rare qu'ils allument leurs *hibachi* : ce sont de petits fourneaux à charbon de terre qui n'augmentent pas beaucoup la température de la chambre, et qui servent surtout à allumer les pipes ou les cigarettes. Les Japonais croient en effet que, par temps froid, la chaleur artificielle n'est pas une chose saine.

Voici quelques exemples de *menus* pour un adulte en bonne santé appartenant à une famille japonaise où l'on n'a pas besoin de compter :

ÉTÉ

Premier déjeuner. — Des fruits, un bol de riz, une petite portion de poisson frais cuit et un bol de thé.

Déjeuner. — Bien souvent on ne mange que des fruits, parfois avec très peu de riz ; ou bien on prend des légumes en petite quantité soit seuls, soit avec un peu de riz.

Dîner. — Du riz avec du poisson frais, et deux ou trois légumes différents, comme des tomates, des oignons, des carottes, des radis, du céleri, de la laitue, des navets, des choux (crus) et des épinards soit crus, soit bouillis. Le thé fait naturellement partie du repas.

HIVER

Premier déjeuner. — Du riz avec du poisson frais, ou plus souvent avec du poisson sec ; parfois

parfois un œuf dur ou deux et des galettes de riz rissolées, avec du thé. On sert souvent des fruits secs, soit au naturel, soit cuits à l'eau.

Déjeuner. — Des galettes de riz ou du riz bouilli, avec des fruits cuits à l'eau et du thé.

Dîner. — Du riz bouilli et du poisson, des fruits secs cuits à l'eau, des œufs durs, encore des galettes de riz et du thé.

Tel est le régime alimentaire des Japonais — le genre de nourriture qui conservait aux *samouraï* une santé parfaite, une force phénoménale et des muscles capables d'efforts qui auraient épouvanté la moyenne des Européens. Si un gros mangeur de race blanche estime qu'un pareil régime serait affaiblissant, faites-le-lui essayer pendant quelques semaines, et il découvrira que sa force est en voie d'accroissement. Les désordres stomacaux comme l'indigestion auront disparu. Quiconque arrive au Japon avec un remède pour la dyspepsie est sûr de *faire faillite,* à moins de trouver suffisamment d'occupation parmi les résidents étrangers.

Comme toute force a sa source première dans l'estomac, le maître japonais de *jiu-jitsu* perd bien vite patience avec un élève refusant de se soumettre au régime alimentaire qui doit donner à son organisme le maximum de force et de vigueur. Tel est en effet, sans contredit, le résultat du régime japonais.

CHAPITRE III

ENTRAINEMENT DES POUMONS ET DU CŒUR

EXERCICES DES BRAS

Une fois que la santé de l'estomac est assurée, ou qu'on s'est consciencieusement occupé de l'obtenir, la première chose à faire est de développer le mieux possible le cœur et les poumons. Comment en effet réaliser le type de l'athlète si ces deux organes ne sont pas aussi forts qu'ils devraient l'être ?

Entraînement des poumons

Pour l'entraînement des poumons, les *respirations profondes* constituent le meilleur procédé enseigné dans les écoles de *jiu-jitsu*. Par respiration profonde il faut entendre que celle-ci doit être poussée assez loin pour que tous les muscles de l'abdomen jusqu'au dernier entrent énergiquement en action à chaque inspiration ou expiration.

Les anciens *samouraï* avaient l'habitude de sortir en plein air aussitôt levés. Ils consacraient alors au moins dix ou quinze minutes à exécuter des respirations profondes, debout et les mains sur les hanches, de manière à bien sentir le jeu des muscles.

Puis ils passaient à un autre genre d'exercice respiratoire, qui consistait à respirer profondément en dilatant latéralement comme un soufflet les muscles situés au-dessus des hanches, sans que les épaules vinssent à s'élever même d'une fraction de pouce pendant l'inspiration. Ce deuxième exercice est le plus efficace de tout le travail respiratoire, mais on ne peut le posséder convenablement avant d'en avoir parfaitement saisi le principe, qui est d'aspirer chaque fois aussi profondément que possible. Respirer profondément est une pratique habituelle aux animaux dépourvus de la parole, ainsi qu'on peut s'en assurer en surveillant le jeu des muscles du ventre d'une vache ou d'un cheval en marche. Les sauvages, qui sont parvenus à un très haut degré de développement physique, respirent profondément et correctement. L'homme civilisé, au contraire, risque de laisser cet art tomber dans l'oubli.

On doit au début pratiquer les respirations profondes sans aller jusqu'à la fatigue, mais avec assez de persistance pour qu'au bout de quelque temps elles deviennent une habitude inconsciente. Alors même que ce résultat est obtenu, il faut, le matin en se levant, consacrer dix minutes exclusivement à ce travail et en faire autant le soir avant d'aller se coucher. Au Japon, dans les écoles de *jiu-jitsu*, l'élève, même quand il a appris à respirer correctement, doit, au commencement ainsi qu'à la fin de la leçon, consacrer quelques minutes à des respirations profondes. Dans ces conditions, avec de l'exercice, on a tout ce qu'il faut pour amener des poumons normaux au plus haut degré de perfection.

Entraînement du cœur

Il n'est guère plus difficile de développer convenablement le cœur. Si l'estomac a été mis en bonne condition par un régime convenable, et si les poumons fonctionnent correctement grâce aux respi-

rations profondes, c'est là un excellent point de
départ pour l'entraînement du cœur.

On doit éviter avec soin, dans tous les exercices,
les palpitations violentes. S'il se produit un malaise
exagéré du cœur, l'instructeur japonais, après avoir
écouté le bruit de cet organe, prescrit à l'élève de
se coucher à plat sur le dos, les bras et les jambes
étendus — les bras formant un angle droit avec
le corps et les pieds aussi écartés qu'ils peuvent
l'être sans causer de gêne. Dans cette position, le
patient respire doucement, mais profondément, ce
qui a pour résultat de ramener aussitôt le cœur
à son état normal, après quoi l'élève reste encore
quelques minutes dans cette position. Au bout de
quelque temps de travail, il a appris à ne pas se
surmener le cœur. Finalement il arrive à fortifier
si bien cet organe qu'il trouve peu de besognes physiques capables de lui causer le moindre trouble.

La lutte

Un des premiers exercices à étudier, exercice
qu'on devra pratiquer pendant toute la durée de
l'étude du *jiu-jitsu,* est connu parmi les Japonais
sous le nom de *la lutte*. Les deux contestants se

tiennent debout en face l'un de l'autre, étendent les bras latéralement et s'empoignent les mains, paume contre paume, les doigts entrelacés (*fig. 4*). Chacun d'eux se laisse tomber en avant la poitrine contre celle de son adversaire, les pieds aussi en arrière que possible, de façon que le corps se trouve incliné, les pieds conservant en outre le maximum d'écartement. Dans cette attitude, les opposants commencent à lutter, chacun appuyant de toute sa force sa poitrine contre celle de l'autre pour le faire reculer. La victoire appartient à celui qui parvient à repousser graduellement son adversaire du milieu de la pièce jusqu'au mur. Cet exercice peut également se pratiquer au dehors, en partant d'une ligne médiane, avec une *ligne de but* tracée sur le sol en arrière de chaque contestant.

Il appartient aux exécutants d'évaluer quelle est la dose de cet énergique exercice qui leur est profitable ; ils ne doivent jamais perdre de vue ce que nous avons dit de la nécessité de ne pas surmener le cœur par de violentes palpitations. Au début, il ne faut pas plus de trois ou quatre *luttes* par jour et chacune ne doit pas durer alors plus de deux minutes. Dans la suite, si on pratique assidûment le *jiu-jitsu,* il arrivera un moment où deux adver-

FIG. 8. — *La lutte*.

Un des exercices japonais les plus importants pour le développement général.

saires bien développés et convenablement accouplés pourront lutter pendant vingt minutes consécutives sans obtenir, ni l'un ni l'autre, le moindre avantage. Dans les commencements, on doit moins s'occuper de triompher que d'entraîner ses muscles. Si l'un des élèves est nettement supérieur à l'autre comme force, le premier devra opposer juste assez de résistance pour faire durer *la lutte* et permettre au plus faible de vaincre lentement une fois de temps en temps. Il n'y a pas, dans le *jiu-jitsu,* d'exercice qui puisse, mieux que celui-là, endurcir graduellement tous les muscles. Mais quand on le pratique avec modération, c'est le cœur et les poumons qui en recueillent le plus de profit.

Exercices des bras

Aussitôt qu'on possède bien *la lutte,* on commence les exercices des bras. Ceux-ci sont nombreux et variés; en fait, tous les exercices qui comportent l'emploi des mains appartiennent à cette classe de mouvements. Les bras doivent être développés par régions distinctes, et tous les exercices que nous allons décrire dans ce chapitre doivent être pratiqués dans la même leçon.

Exercices de résistance des poignets. — On placera tout d'abord les deux antagonistes en face l'un de l'autre, le bras droit de l'un opposé au bras droit de l'autre. Chacun fera alors un demi-pas à gauche, en étendant le bras droit sur le côté, le poing fermé un peu au-dessous de la ligne des hanches, puis il appuiera la partie interne de son poignet contre la partie interne du poignet de son adversaire (*fig. 5*). Les bras doivent être maintenus raides, avec une contraction de tous les muscles. Un des opposants commencera alors à tourner lentement autour de l'autre. L'assaillant fera ainsi quelques pas de peu d'étendue tout en progressant. Le défenseur déplacera à peine son pied et, autant que possible, ne devra faire que pivoter. Celui qui est déplacé ne doit résister que juste assez pour éviter de vaincre son adversaire.

Aussitôt que le défenseur a été amené à pivoter aussi loin que cela lui est possible sans modifier franchement la position de son pied, on consacre quelques instants à des respirations ; puis celui qui se trouvait en dernier lieu sur la défensive ramène son assaillant en arrière à la position de départ.

On doit avoir soin de conserver constamment les bras raides et les muscles contractés. Le com-

Exercice de résistance poignet contre poignet.

battant qu'on déplace doit opposer toute la résistance qu'il peut déployer sans vaincre l'adversaire. On ne saurait trop se pénétrer de ces recommandations si l'on veut que l'exercice soit profitable. La figure 5 montre quelle est l'attitude correcte dans le travail du poignet, et donne une excellente idée de tout le *travail du bras*.

Dans le cours de ce dernier on risque bien de surmener le cœur et les poumons, mais la chose ne se produira point si les exécutants s'arrêtent au premier symptôme d'essoufflement ou de palpitation. *Ne passez jamais outre à ces avertissements !* Lorsque l'entraînement préliminaire aura amené l'endurance physique, ces symptômes n'apparaîtront plus que rarement ou même point du tout.

Exercices de résistance des avant-bras et des bras. — Passons maintenant à la deuxième période du développement correct des bras. Les opposants se placent dans la même attitude que pour l'exercice des poignets, mais cette fois ils croisent leurs avant-bras à mi-distance du poignet et du coude pour exécuter le même genre de travail. Puis, au bout de deux ou trois répétitions, ils engagent les bras à hauteur des coudes. En général, dans ce travail, les bras doivent être maintenus complètement raides, mais on trouvera parfois avantage à s'accrocher par les coudes, les bras quelque peu fléchis.

On essayera ensuite le même exercice avec les bras engagés à mi-distance du coude à l'épaule. En dernier lieu on s'agrippera épaule contre épaule et on fera pivoter l'adversaire toujours de la même façon. On prendra garde de ne pas développer le bras droit aux dépens du bras gauche. Il y a dans ce travail du bras un autre danger à éviter avec soin. L'élève trouve d'ordinaire le travail de l'avant-bras beaucoup plus amusant que celui du bras ; il développe en effet d'une façon superbe les muscles de l'avant-bras, mais ne donne pas aux bras un exercice correspondant à leurs besoins. L'élève japonais de *jiu-jitsu* est dressé à insister énergiquement sur le travail du bras. Toutefois, on ne cherche pas à produire sur ce dernier *des bosses* musculaires. La région dont les muscles ont l'action la plus efficace est celle qui se trouve juste au-dessus de la partie supérieure de l'articulation du coude, comme le montre la figure 1.

Exercices de résistance pour une personne seule. — Tandis que les exercices précédents ne

Exercice de résistance pour une personne seule.

peuvent être exécutés que par deux élèves travaillant ensemble, il existe un autre genre de travail des bras que l'on peut pratiquer seul. Exécuter d'abord quelques respirations profondes, puis se tenir debout, les bras inclinés et croisés en avant, les poings fermés placés juste au-dessous de la ceinture. Donner aux bras le maximum de tension, tout en serrant davantage les poings fermés. Élever lentement les bras devant le corps. Ce faisant, résister au mouvement d'élévation des bras autant qu'il est possible de le faire sans arrêter ce mouvement. En d'autres termes, remonter les bras tout en résistant le plus possible par une pression exercée vers le bas (*fig.* 6).

Ce petit truc d'entraînement physique, emprunté aux Japonais, est devenu la base d'un des systèmes les plus connus et les plus heureux employés à l'heure actuelle aux États-Unis. Le seul défaut qu'on puisse reprocher à son adaptation américaine est de ne pas comprendre tous les moyens employés par les Japonais pour accroître les muscles, la force, la puissance du cœur et des poumons.

Lorsqu'on possède bien le principe de ces exercices de résistance, élever lentement dans un

plan vertical les bras qu'on tient tendus en face
des épaules jusqu'à ce que les poings solidement fermés se trouvent au-dessus de la tête. Exécuter deux
ou trois respirations profondes, puis ramener les
bras à la position de départ. Dans le mouvement
d'abaissement, résister par une contre-pression dirigée vers le haut, en ne permettant aux bras de
revenir à leur position première qu'au prix d'un
certain effort. Après quelques respirations profondes, placer les bras inclinés sur les côtés, les
mains dans la même position au-dessous des
hanches que pour l'exercice précédent, les poings
restant, bien entendu, étroitement serrés comme
tout à l'heure. Élever toujours de la même façon
les bras au-dessus de la tête. Exécuter deux ou trois
respirations, et ramener ensuite les poings à la
position de départ par les mêmes mouvements de
travail résistant.

Aucun de ces exercices de résistance des bras ne
peut être nuisible pour le cœur, si l'on n'en fait
pas un abus extraordinaire. Les palpitations ou
l'essoufflement indiqueront le danger longtemps à
l'avance. Au bout de quelques semaines de pratique
assidue, l'élève constatera que son cœur et ses pou-

mons se sont notablement fortifiés, et que son endurance, au point de vue des efforts des bras, est devenue pour ainsi dire merveilleuse.

Toutefois, pour que ce travail soit efficace, l'élève ne doit jamais oublier qu'il est de règle d'opposer une résistance constante au mouvement d'élévation ou d'abaissement des bras. Au début, il suffira d'exécuter à la séance du matin et à celle du soir deux mouvements d'élévation et d'abaissement des bras vers l'avant, et autant de mouvements latéraux.

Le débutant apprendra de lui-même à accroître sa dose de travail en temps utile. Un Japonais qui a suivi pendant trois mois un cours de *jiu-jitsu* peut continuer ces exercices de bras pendant une quinzaine de minutes, sans ressentir la moindre fatigue. Il suffira même de quatre à six semaines pour convaincre un expérimentateur consciencieux de la possibilité d'amener les bras à un degré de force tout à fait remarquable sans avoir recours aux mils (*Indian clubs*) et aux haltères qui étaient inconnus de l'ancien Japon. Mais on ne doit jamais perdre de vue que les respirations profondes sont aussi essentielles que la résistance des muscles.

Exercices de torsion des poignets et des bras.

— Il est une autre espèce de travail des bras à laquelle les élèves japonais consacrent beaucoup de temps pendant la période préliminaire d'instruction. Comme ces exercices fatiguent les bras, tant que ceux-ci n'ont pas atteint le degré de développement qui leur convient, on ne doit les pratiquer tout d'abord qu'en prenant garde de surmener ses muscles. Peu à peu l'élève se rend compte de ce qu'il peut supporter et, ce qui est encore plus important, de la quantité dont il peut accroître chaque semaine sa dose d'exercice.

On apprend d'abord au jeune homme à se tenir debout les bras tendus parallèlement en avant, les poings fermés maintenus un peu au-dessous du niveau des hanches. Après avoir contracté ses muscles, il déplace lentement ses poings dans un sens ou dans l'autre, par une torsion des poignets, ce mouvement s'exécutant de façon à se faire sentir dans toute la longueur du bras jusqu'à l'épaule.

Après un instant d'arrêt et quelques respirations profondes, l'élève étend les bras latéralement au niveau des épaules. Il fait tourner ses poings fermés aussi loin qu'il le peut dans l'un ou l'autre sens, en prenant soin, comme précédemment, de faire entrer en jeu tous les muscles des bras jusqu'aux épaules. Cela fait, il les étend, en les maintenant parallèles et horizontaux, et exécute le même travail. Il recommence ensuite cet exercice, les bras tendus au-dessus de la tête, puis les bras tendus derrière le dos dans une position aussi voisine que possible du parallélisme, les poings fermés placés juste au-dessous de la ligne des hanches. Cet exercice pratiqué avec assiduité donne à un homme de force ordinaire des bras superbes, magnifique exemple des résultats que produit la culture physique.

Chaque élève peut imaginer pour son plus grand profit bien d'autres exercices des bras. On encourage les jeunes Japonais, pendant leur séjour dans les écoles de *jiu-jitsu,* à découvrir le plus grand nombre possible de ces exercices. Bien que les mouvements de bras précédemment décrits comprennent tout ce que les instructeurs japonais considèrent comme indispensable, des professeurs intelligents inventent souvent des modifications dans le but de donner au travail le plus de variété possible. Tout exercice mettant en jeu les muscles du poignet, de l'avant-bras, du bras ou de l'épaule est avantageux, mais toujours à la condition qu'il ne produise ni fatigue exagérée des muscles, ni palpitations, ni essoufflement.

Exercices des doigts et des mains. — On exerce la main en fermant et ouvrant rapidement les doigts, le pouce au moment de la contraction venant se placer sur les second et troisième doigts. Durant ce travail, le mieux est d'étendre les bras horizontalement devant le corps, bien qu'il y ait quelquefois avantage à tenir les bras dans les autres positions indiquées précédemment pour les exercices de bras.

Un autre genre de travail souvent employé pour les mains consiste à crocher celles-ci à hauteur de la ceinture, les doigts étroitement entrelacés, le pouce gauche croisé sur le pouce droit. La main droite s'emploie à faire tourner la main gauche aussi loin que possible, en exerçant une vigoureuse torsion ; puis la main gauche rend la pareille à la main droite. Tout repose sur la vigueur de la prise.

Les poignets profitent de ce mouvement presque autant que les mains. L'avant-bras se fortifie également dans une certaine mesure, et tous les muscles du bras bénéficient d'un développement qui va en décroissant jusqu'à l'épaule.

Exercices avec la canne de bambou

Un exercice très profitable pour les mains et les poignets, et incidemment pour les bras, est le suivant qu'on exécute à l'aide d'un bâton court en bambou (une forte canne remplirait le même office).

L'homme sur la défensive empoigne la canne devant lui les mains écartées de deux pieds et demi environ. L'assaillant la saisit à son tour avec les deux mains placées contre celles de l'opposant et en dedans de celles-ci. Alors s'engage une lutte pour la possession de la canne. Toutes les parties du corps entrent en jeu. Si l'un des adversaires est plus fort que l'autre, il n'est pas indispensable qu'il enlève la canne ; il suffit qu'il ne se laisse point vaincre.

Le travail continue jusqu'à ce que les contestants éprouvent une fatigue modérée ; on fait alors une pause. L'homme qui a essayé de conserver la canne place ses mains à l'intérieur de celles de l'autre et lutte maintenant pour s'en emparer à son tour.

Exercice du dos à dos

Ce n'est que lorsque ces exercices préliminaires ont été enseignés et compris que l'élève japonais de *jiu-jitsu* passe au mouvement du *dos à dos*. Celui-ci est le complément naturel de *la lutte* déjà décrite. Les deux hommes se placent debout dos contre dos. Ils étendent les bras sur les côtés de façon que leurs mains se trouvent à peu près au niveau de la ceinture. Les mains sont crochées de façon que les doigts des adversaires soient étroitement entrelacés, le dos de la main en dehors. Un des hommes fléchit le corps en avant de façon à faire perdre pied à l'autre, et le maintient éloigné du sol aussi longtemps que possible (*fig. 7*). Soutenir ainsi son adversaire en l'air pendant dix secondes est tout ce que l'on peut faire au début. Avec le temps il devient possible de le maintenir éloigné du plancher pendant une minute au moins. Un expert en *jiu-jitsu* peut facilement transporter dans cette position un camarade à une distance égale à la

FIG. 7. — *Travail dos à dos.*

Le complément de *la lutte*. Excellent procédé de développement pour les muscles du dos
ainsi que pour les autres muscles.

longueur de plusieurs blocks (¹) des cités américaines.

Au début, surtout, on ne peut exécuter dans une seule séance tous les exercices précédemment décrits. Les exercices se font en permutation circulaire, dans le but d'imposer le même effort et d'obtenir par suite le même développement pour toutes les parties du corps. Il n'est pas un instructeur de *jiu-jitsu* qui laisse ses élèves cultiver une des parties du corps aux dépens des autres. L'élève européen qui débute dans le *jiu-jitsu* aura tout intérêt à noter la somme d'efforts qu'il peut développer dans chacun des exercices, le temps qui lui est nécessaire pour le travail et pour les respirations intermédiaires; partant de là, il pourra établir un programme lui indiquant exactement le temps qu'il doit consacrer chaque jour à chaque mouvement et la série des mouvements à exécuter.

Lorsque les muscles, les poumons et le cœur se seront peu à peu endurcis, le débutant, tout en prenant les précautions indiquées, allongera la

---

1. Aux États-Unis, les rues sont généralement disposées en échiquier et numérotées. Les pâtés de maisons qu'elles découpent ainsi portent le nom de « blocks ». C'est de cette façon qu'est bâti New-York, à l'exception des vieux quartiers du sud.

durée de ses séances de travail. Les Japonais prennent leur leçon journalière à l'école en une seule séance. Étant donnée l'agitation de l'existence occidentale, les Européens feront bien d'exécuter leur travail en deux fois, le matin et à la fin de l'aprèsmidi (ou au commencement de la soirée).

CHAPITRE IV

EXERCICES DES JAMBES

Bien que les entraîneurs japonais considèrent
comme d'une importance capitale le développement de la partie du corps qui va de la ceinture
aux épaules, y compris les bras, ils ne tardent guère
avant d'enseigner à l'élève les moyens de fortifier
ses jambes.

Pour les exercices des jambes, comme pour ceux
des bras, on s'en tient exclusivement au principe
du travail de résistance. Dans tous les mouvements,
l'homme « attaqué » cède graduellement à la pression de « l'assaillant ». Peu importe quel est le plus
fort des combattants ; le défenseur doit céder par
degré, tout en opposant une résistance telle que
tous les muscles mis en jeu par les deux antagonistes entrent complètement en action et travail-

lent aussi sérieusement qu'ils peuvent le faire sans arriver à la douleur.

Exercices de résistance des jambes

Le premier exercice de jambes enseigné dans les écoles ordinaires de *jiu-jitsu* est le suivant. Les adversaires s'assoient sur le parquet ou sur le sol, en face l'un de l'autre, les jambes étendues en avant, le haut du corps droit, les paumes des mains appuyées sur le parquet ou sur le sol. Dans cet exercice, on doit prendre solidement appui sur les mains et sur les bras. L'un des hommes place la plante de son pied droit contre celle du pied gauche de l'autre (*fig. 8*). Les talons des deux hommes reposent d'abord sur le sol, puis chacun élève très lentement et aussi haut que possible le pied engagé, sans cesser de déployer toute la force dont il est capable. Chacun des contestants s'efforce alors d'exercer avec le pied une pression suffisante pour renverser son adversaire sur le dos.

Au début de ce genre d'exercice, il est de beaucoup préférable de faire exclusivement du travail résistant, et de laisser chaque adversaire triompher à son tour. Au bout d'un certain temps, ce

Fig. 8.   *Exercice de résistance des jambes.*

sport, car c'en devient un, peut, si les contestants sont à peu près de même force, se transformer en véritables assauts ayant pour objet de renverser l'adversaire sur le dos.

Bien qu'on puisse exécuter convenablement cet exercice avec des chaussures de gymnase, les Japonais ont l'habitude, pour s'y livrer, de se contenter de simples bas.

Les vieux *samouraï* japonais, comme leurs descendants actuels, n'accordent à l'un des côtés du corps aucune supériorité sur l'autre. Le bras gauche et la jambe gauche sont l'objet de la même attention que les membres du côté droit.

Exercice de résistance des chevilles. — Pour l'exercice suivant, les adversaires s'assoient encore sur le plancher dans la même position. Mais, dans ce cas, chaque homme appuie la malléole interne du pied droit (ou du pied gauche) contre celle du pied droit (ou du pied gauche) de l'adversaire. Arc-bouté comme précédemment sur les mains et les bras, chaque homme élève lentement le pied engagé. Lorsque les pieds sont arrivés à la hauteur maximum à laquelle on peut les maintenir sans difficulté, l'un des contestants s'efforce de jeter son adversaire sur le côté. Au début, ce travail doit être uniquement un travail de résistance, sans aucun caractère de compétition musculaire. Chaque contestant doit à son tour remporter l'avantage, non sans une résistance opiniâtre de celui qui se tient sur la défensive. A un moment donné, il sera bon d'introduire quelque variété en transformant occasionnellement cet exercice en une véritable épreuve de force et d'endurance.

Lorsqu'on aura bien pratiqué et qu'on possédera à fond ces exercices de chevilles, on pourra facilement comprendre les deux exercices suivants du *jiu-jitsu*. Dans le premier, la prise de contact est la même que tout à l'heure, avec cette seule différence qu'elle se fait à la partie interne du mollet, à mi-chemin entre la cheville et le genou. Les mouvements sont les mêmes que dans le travail des chevilles. Dans le deuxième exercice, la prise de contact se fait par les genoux, le mode d'exécution du mouvement restant toujours le même.

Lutte de la cuisse. — Lorsqu'on veut fortifier la cuisse, l'un des meilleurs mouvements employés

par les Japonais a pour base *la lutte* décrite précédemment. Les contestants, les bras étendus horizontalement et latéralement, s'accrochent par les
mains comme dans *la lutte*. Mais, dans ce cas, il
ne doit pas y avoir contact entre les poitrines ou
les abdomens.

Si l'exercice a pour but le développement du
membre droit, chaque contestant se place le côté
droit en face et à peu près dans le prolongement du
côté droit de l'autre. Puis chacun croise sa cuisse
droite avec celle de l'autre par la face interne, le
plus haut possible. L'un des adversaires cherche
soit à faire pivoter l'autre à gauche, soit à le renverser sur le dos. Bien qu'on puisse employer jusqu'à un certain point les bras et les mains, ce n'est
point par eux que doit surtout s'exercer l'effort.

L'objet de cet exercice est de développer la
cuisse, et tant que tous les muscles de celle-ci n'entrent pas en jeu assez complètement pour que les
deux élèves puissent se rendre compte de leur tension, l'exercice n'est pas exécuté convenablement.

C'est un des mouvements du *jiu-jitsu* les plus
difficiles à bien faire comprendre à la plupart des
élèves. Pour cette raison, et aussi à cause de son

importance, on doit répéter cet exercice jusqu'à ce que le maître constate que les muscles de la cuisse se sont notablement fortifiés.

Dans un chapitre ultérieur, relatif aux procédés offensifs de combat, on trouvera la manière de venir à bout d'un ennemi en empoignant les revers de son vêtement et en abaissant les manches jusqu'aux coudes (voir p. 126).

Ce mouvement se pratique avant que l'élève japonais soit arrivé, dans l'étude du *jiu-jitsu,* à la période du combat. Il est extrêmement utile pour le développement de la partie postérieure de la cuisse, mais il l'est presque autant pour fortifier les autres muscles.

Lorsque les manches du vêtement ont été rabattues jusque un peu au-dessus des coudes, on jette brusquement le côté gauche du corps contre le côté gauche de l'adversaire. On appuie la partie postérieure de la cuisse gauche contre la partie postérieure de la cuisse de ce dernier, le point de contact se trouvant aussi près que possible du haut des deux cuisses. L'assaillant doit s'efforcer de faire fléchir progressivement sa victime en arrière jusqu'au plancher.

On constatera que dans ce genre de travail tous les muscles importants des jambes gauches mises en action exercent un effort utile à leur développement.

La cuisse droite doit être exercée de la même façon. Certaines autres portions du corps et notamment les bras profitent jusqu'à un certain point de cet exercice.

Au début, il suffit de s'en tenir aux indications qui précèdent. Plus tard on apprend à l'élève japonais à faire plier son adversaire en arrière jusqu'au moment où la chute sur le plancher est presque réalisée. L'assaillant doit alors ramener sa victime à la verticale par un brusque effort de bas en haut.

Ces deux coups sont les seuls enseignés dans cette période de travail. Lorsque commence l'étude des coups de combat, on fait faire aux adversaires des épreuves de vitesse. Celui qui réussit à rabattre les manches de l'autre doit chercher à jeter ce dernier à terre et à tomber sur lui, le genou comprimant le *plexus solaire*.

Quelques essais des exercices de jambes décrits dans ce chapitre suffisent pour montrer aux débutants que, sauf quelques modifications, le genre de

travail employé pour amener les membres inférieurs
à leur maximum de force et d'endurance est identiquement le même que celui qui sert à donner aux
membres supérieurs de l'homme normal (ou de la
femme) le développement qu'ils doivent avoir. Ils
s'apercevront en outre que tous les mouvements
de jambes mettent plus ou moins les bras en jeu.

Le canotage

L'aviron est un sport de date relativement ré-
cente au Japon, mais les descendants des *samouraï*
s'y sont énergiquement appliqués. On peut par
suite le considérer comme un complément important de la méthode japonaise d'entraînement. Ce
sport accroîtra certainement la force corporelle des
adeptes occidentaux les plus ardents de l'antique
culture physique du Daï Nippon. Quant à la natation, elle a toujours été l'un des sports favoris des
Japonais.

La marche

Il est une branche importante de la culture des
jambes, que tout le monde connaît : c'est la *marche !*
Nos petits amis jaunes de l'Orient prétendent

qu'il est impossible d'avoir des jambes suffisamment fortes sans faire à pied chaque jour plusieurs
milles. Ils prétendent en outre que les exercices de
résistance des jambes sont tout aussi nécessaires
pour amener les membres inférieurs à supporter
des efforts qui sembleraient tout à fait anormaux à
des Occidentaux. Les élèves des écoles japonaises
font de longs et fréquents pèlerinages à pied aux
temples et autres endroits historiques ; ces voyages
demandent plusieurs jours de route. Par la supériorité de leurs records de marche sur ceux des autres
nations, les soldats japonais, qui sont *tous* entraînés
au *jiu-jitsu,* ont surabondamment prouvé la valeur
considérable des exercices de résistance des jambes.

C'est à cette période de l'enseignement que
l'élève japonais s'arrête dans ses études pendant un
temps considérable. Les exercices décrits jusqu'ici
sont considérés comme suffisants pour les premiers
mois d'entraînement.

Quand l'élève se retire pour se reposer sur un
des côtés de la salle et aussitôt que sa respiration
est redevenue normale, on lui recommande de pratiquer l'exercice déjà décrit (¹) pour endurcir le

---

1. Voir page 9.

tranchant inférieur de la main, sans oublier d'y faire participer le petit doigt. Ceci fait, s'il doit encore attendre que l'instructeur s'occupe de lui, il exécute ceux des exercices de résistance de la main, du poignet et du bras qui n'exigent point d'adversaire.

Le lecteur peut remarquer que la méthode du *jiu-jitsu* ne renferme aucun exercice spécial pour la ceinture ou l'abdomen. Tout d'abord l'usage d'un régime approprié contribue beaucoup à maintenir à l'abdomen et à la ceinture des dimensions convenables. De plus, presque tous les exercices tendent au même résultat.

Dans les cas extrêmement rares où l'on constate qu'il est nécessaire de réduire les dimensions de l'abdomen ou de la ceinture, on prescrit à l'élève de se tenir droit, les mains sur les hanches, les pouces dirigés vers l'arrière. Cela fait, il exécute rapidement une flexion en avant aussi prolongée qu'elle peut l'être sans fléchir les genoux ; il revient ensuite avec la même rapidité à la position verticale. Ce mouvement se répète un certain nombre de fois. Après une pause consacrée à des respirations profondes, l'élève exécute la même flexion à droite, puis à gauche, enfin il fléchit en arrière aussi loin que possible, et se relève de la même façon que dans les autres exercices.

Au début, on ne doit répéter tous ces mouvements qu'un petit nombre de fois. On exécute des respirations profondes après chaque modification dans l'orientation de la flexion.

CHAPITRE V

DU TEMPÉRAMENT CALME

Importance en athlétisme d'un tempérament calme

Exercices exigeant un bon naturel

Il nous faut donner ici quelques indications sur un point très important de l'entraînement du *jiu-jitsu*. *Un bon naturel* est aussi nécessaire à la santé et à l'entraînement athlétique qu'au bonheur de la vie en général.

Lorsque des indigènes veulent être admis, au Japon, dans une école de *jiu-jitsu,* le maître n'a guère besoin de s'enquérir du bon caractère des postulants. Les Japonais sont connus pour posséder le naturel le plus doux du monde. La politesse et le bon naturel semblent innés chez le bébé japonais. Avec le temps et lorsque l'enfant arrive à l'âge adulte, ces aimables qualités semblent croître suivant une progression géométrique. Quand un Occidental veut prendre part à l'entraînement physique dirigé par un maître japonais, on lui demande de donner des garanties de l'égalité de son caractère. Même après l'admission à l'école, si l'homme blanc montre une trop grande tendance à l'emportement, on le prie poliment d'aller se faire instruire ailleurs.

Le *jiu-jitsu* est une science qui doit être abordée avec circonspection, car il comprend nombre de coups dangereux pour les membres ou pour la vie. Beaucoup de ses exercices poussés trop loin amèneraient des fractures osseuses. Parmi les coups connus des pratiquants indigènes de cet *art,* il n'en est pas moins de six capables de donner la mort. Bien que l'auteur ait appris à connaitre ces coups funestes, il ne les décrira point pour des raisons faciles à comprendre. Lorsque le lecteur arrivera à la description des prises de mains et de jambes, des coups de suffocation et des attaques avec prise des reins, il n'oubliera point qu'il importe de ne pas déployer dans cette sorte d'escrime plus de force qu'il n'est nécessaire pour fortifier les muscles des deux adversaires et pour remporter l'avantage.

Lorsqu'on débute dans ce genre de travail, il est toujours bon, pour les deux contestants, de fixer d'avance à qui reviendra la victoire. Le défenseur ne déploie plus alors que la force nécessaire pour empêcher un succès trop facile. C'est la meilleure manière d'appliquer à l'entrainement musculaire le principe de résistance. Bien entendu, il est préférable que les deux adversaires soient de taille et de poids aussi voisins que possible, mais lorsqu'on applique d'une façon parfaite la théorie de la résistance, la question de taille n'a pas une importance absolue.

On enseigne parfois, pendant quelque temps, aux débutants japonais à passer du travail de pure résistance aux luttes réelles de force. On atténue ainsi agréablement la monotonie et on permet aux deux contestants de savoir quel est réellement le plus fort. Cela montre, en outre, à chacun ses points faibles. Bien que l'instructeur puisse beaucoup contribuer à corriger ces défectuosités, la chose dépend plus encore de l'élève lui-même. S'il a le poignet faible, il doit augmenter la dose d'exercice imposée au poignet. Si c'est le bras qui est la partie défectueuse, il devra répéter davantage les exercices indiqués précédemment comme remèdes. S'il se produit le plus léger désordre dans le fonctionnement du cœur ou des poumons, il devra pratiquer tous les exercices avec plus de modération, jusqu'à ce que les symptômes fâcheux aient disparu. Il n'y a pas jusqu'aux pires troubles du cœur et des poumons qui ne seront supprimés ou fortement atténués, si on cultive le *jiu-jitsu*, non seulement avec persévérance, mais avec la modération et la pondération dans l'effort qu'impose à l'élève son propre jugement aussi bien que celui de son médecin ou de son entraîneur.

Un bon naturel est, dans ce travail, un facteur de premier ordre. Sans lui, on ne peut arriver au développement parfait de la santé. La colère est un poison violent pour le cœur; elle bouleverse le système nerveux. L'examen des statistiques japonaises montre que les maladies du cœur et la prostration nerveuse sont des causes de mortalité à peu près inconnues au Daï Nippon. Un exercice modéré, combiné avec les autres règles d'hygiène du système japonais, fera d'un homme devenu, au point de vue physique et nerveux, une véritable épave, un individu de force raisonnable.

Un excellent naturel est le seul tonique de quelque valeur qu'on puisse trouver dans la pharmacie de la nature. Aussi vingt-cinq siècles d'entraînement au *jiu-jitsu* avec une application constante de ses principes essentiels, en ce qui concerne le bon naturel, ont-ils fait des Japonais le peuple du monde le plus calme, le plus froid, le plus heureux, le plus brave et le plus vigoureux.

Quiconque a vu les Tagals des îles Philippines et les a comparés aux Japonais de race pure se rend immédiatement compte que ces deux peuples sont issus de la même souche. Ils sont cependant aussi différents que possible. Le Philippin ne fait pas d'exercice, n'observe aucune des règles de l'hygiène ; il est nerveux et irritable. D'autre part, il est habituellement traître, et bien qu'il se batte quand il croit avoir des chances de succès, il se décourage facilement. Le Japonais, qui descend de la même antique race, a su acquérir un sang-froid qui fait de lui un homme vraiment extraordinaire, et cela grâce à cette partie du *jiu-jitsu* qui vise le développement du bon naturel.

Dans les légendes semi-historiques de l'ancien Japon, on raconte qu'un *daïmio* (ou prince) était un jour durement pressé dans une bataille. Accompagné de deux mille survivants — qui faisaient tous partie de l'inébranlable et valeureuse caste des vieux *samouraï* — le *daïmio* se trouva avec sa troupe décimée acculé au bord d'un escarpement. Le fond du ravin semé de rochers s'étendait à plusieurs centaines de pieds au-dessous. L'ennemi victorieux, s'attendant à une reddition certaine, expédia des émissaires pour fixer les termes de la capitulation. Le *daïmio* répondit avec calme qu'il ne s'agissait pas de se rendre. Avec sa faible troupe acculée au précipice, ce vieux brave attendit l'instant où il vit l'ennemi s'avancer en nombre tel que toute résistance devenait impossible. Il traversa alors les rangs confondus, jeta un coup d'œil sur le fond au ravin et s'écria : « Suivez-moi ! »

L'ordre fut répété de rang en rang. Quelques instants après, le *daïmio* franchissait la crête et tombait mort instantanément. Avant que son corps eût frappé les rochers du fond, ses hommes étaient déjà en l'air par centaines. En l'espace de quelques secondes, le dernier homme de la troupe était en route pour la mort. Pas un ne s'était arrêté pour discuter. L'ordre était donné — il n'y avait plus rien à dire. Cette obéissance passive était la conséquence du calme et du bon naturel que réussissaient à développer chez les *samouraï* leurs maîtres de *jiu-jitsu*. La bravoure, qui est chez la plupart des hommes inséparable de la conscience de leur force, permit seule ce suicide sublime qui sauva une armée de l'opprobre. Les os blanchissants des héros qui avaient suivi leur prince restèrent intacts jusqu'à ce qu'ils fussent tombés en poussière et retournés à la terre ; terrible mais splendide monument en l'honneur de la froide bravoure d'une race qui avait fait du bon naturel un art digne de parvenir à travers les siècles jusqu'à notre époque.

Voici l'un des moyens auxquels les Japonais ont recours tant pour fortifier leurs muscles que comme procédé d'attaque. L'assaillant entoure de ses bras la ceinture de sa victime en croisant les mains de façon que ses doigts entrelacés pressent sur l'épine dorsale à la chute du rein. En même temps, il appuie le menton contre le sein gauche de son adversaire, à un pouce et demi au-dessous de la pointe de l'épaule et à la même distance de la partie intérieure du bras. Le menton s'enfonce énergiquement dans la poitrine pendant que les mains croisées pressent avec force sur l'adversaire, si bien que le défenseur a la tête renversée vers le sol, et qu'il lui semble que son dos va se briser. Ce coup peut avoir des conséquences désastreuses

allant jusqu'à une fracture de reins. C'est un exercice excellent pour fortifier un grand nombre des
muscles des bras et du tronc, mais il doit être pratiqué avec ce bon naturel si parfaitement développé
chez les Japonais. Il est bon que l'assaillant et sa
victime changent de rôle à chaque reprise.

Chacun des adversaires ne doit pas répéter cet
assaut plus de trois fois pendant les deux premiers
mois. Plus tard, les élèves pourront augmenter le
nombre des reprises en se réglant sur les indications que leur donnent les palpitations du cœur,
l'essoufflement et la fatigue excessive des muscles.

Quand l'attaque que nous venons de décrire a
été pratiquée de façon à être parfaitement com-
prise, il semblerait qu'une fois la prise assurée elle
soit irrésistible. Mais il existe une forme de parade
très simple. L'attaqué n'a qu'à saisir l'assaillant à
la gorge et à lui pousser la tête en arrière. Pour
prendre l'adversaire à la gorge, on peut croiser ses
pouces juste sur la « pomme d'Adam » que l'on
comprime en même temps que l'extrémité des
doigts de chaque main prend appui sur les oreilles.
Cela fait, une poussée rapide en avant exercée sur
la tête de l'assaillant dénouera l'étreinte. Les pouces
peuvent aussi s'enfoncer énergiquement de chaque

côté dans le maxillaire, la position des doigts restant la même que dans la riposte précédente.

Lorsque l'athlète japonais sur la défensive est sur le point d'être défait, il se frappe de la main la cuisse ou la jambe. S'il est sur le dos, il frappe sur le plancher ou sur le sol. Ce signal de reddition doit faire lâcher à l'assaillant la prise qu'il s'est assurée, quelle qu'elle soit. Les deux hommes bondissent sur leurs pieds en souriant, et exécutent quelques respirations profondes jusqu'à ce qu'ils soient de nouveau prêts pour la reprise suivante.

On doit, dans tous les cas, se méfier des fractures osseuses ou des lésions musculaires qui amèneraient une douleur persistant longtemps après la cessation de la prise. Au début, les Japonais portent chaque coup avec la plus grande prudence et accentuent leurs pressions si progressivement qu'un élève un peu confirmé est presque insensible à la douleur, à moins d'attaque réellement dangereuse.

Quand l'élève a consacré quelques semaines à endurcir le tranchant de sa main conformément aux indications du chapitre Ier, il est prêt à passer à une branche du *jiu-jitsu* qui, lorsqu'elle est pratiquée avec la dextérité que donne l'expérience, fournit quelques coups de défense d'une grande efficacité. Il devra, tout d'abord, chercher un point qui se trouve sur le bord supérieur du poignet gauche, c'est-à-dire du côté du pouce. Ce point est situé à environ 2 pouces en arrière de la naissance de la main. On frappe, sous un angle de 45°, avec le tranchant de la main droite sur le poignet gauche à l'endroit indiqué. Le coup doit être porté franchement et avec élasticité. A l'instant même où la main droite vient de frapper le poignet gauche, on doit retirer cette main qui rebondit avec la rapidité de l'éclair. Si le coup est porté sans ce rebondissement instantané, il n'est pas, à beaucoup près, aussi efficace.

On peut exécuter le même coup en chaque point du bras. Il est particulièrement efficace à la partie interne de l'articulation du coude.

Dans quelques écoles modernes de *jiu-jitsu,* on enseigne à porter ce coup la main frappant à angle droit sur le bras attaqué. Cela est très bien quand on s'en prend à la partie interne de l'articulation du coude, mais, pour tous les autres endroits, il vaut mieux frapper sous un angle de 45°.

Le tranchant de la main peut aussi frapper, en produisant tout son effet, sur le flanc, juste au-dessous de la dernière côte. Sous quelque angle que le coup arrive, le résultat est toujours le même. Dans un combat réel, il ne faut faire usage de ce coup que si cela est absolument nécessaire pour la défense. Il suspend, en effet, complètement la respiration de la victime et, quand il est asséné avec assez de force, il laisse l'adversaire non initié avec les muscles endoloris pour plusieurs jours.

Lorsqu'on veut seulement acquérir de l'endurance, ce coup sur le côté sert à endurcir les muscles intéressés. Un maître japonais de *jiu-jitsu* recevra dans cette région un coup très dur sans même sourciller. L'élève japonais est entraîné si progressivement que, lorsqu'on lui a montré la douleur que ce coup peut produire, il n'en éprouve plus car, avec le temps, le flanc, à l'endroit indiqué, devient absolument à l'épreuve de la souffrance.

On emploie le même coup contre les moyennes côtes, *mais en prenant d'abord de grandes précautions*. Du côté gauche, spécialement, il faut se prémunir contre les lésions du cœur. C'est, du reste, ce dernier organe qui indique le mieux l'approche du danger. Du côté droit, le danger est moindre ; mais là aussi le coup doit être porté très doucement, jusqu'à ce que les muscles aient fait preuve d'endurance.

Il est bon de faire exécuter de temps à autre, aux deux contestants, cet exercice du tranchant de la main, mais l'un et l'autre peuvent aussi le pratiquer sur eux-mêmes. Dans les écoles japonaises, les jeunes gens, quand ils arrivent à cette période de l'instruction, consacrent chaque jour dix minutes à ce travail. Dans la plupart des cas, l'esprit d'émulation amène les apprentis à travailler chez eux avec une énergie graduellement croissante. Le temps consacré à cette partie de l'instruction n'est pas limité. Chaque élève continue ce travail jusqu'à ce qu'il soit convaincu que toutes les parties de son corps vulnérables aux coups portés avec le tranchant de la main sont arrivées au degré d'insensibilité qu'il est en son pouvoir de leur donner. Toutes ces attaques avec le tranchant de la main, quand elles sont pratiquées par deux adversaires, exigent au plus haut point *un bon naturel !*

CHAPITRE VI

USAGE DE L'EAU

Le plus grand remède de la nature
Boissons et bains

Les *samouraï* de l'antique Japon, bien que
croyant jusqu'à un certain point « aux herbes et
aux simples », n'avaient point confiance dans ce
que nous regardons comme « des remèdes ». Les
classes inférieures avaient pour les conseiller des
charlatans qui recevaient en cas de maladie les
honoraires que pouvaient leur payer de pauvres
marchands, artisans et laboureurs. Les prêtres
shintoïstes et bouddhistes devaient leurs revenus à
des miracles réparateurs. Les *samouraï* ne patron-
naient ni les charlatans, ni les faiseurs de miracles
des temples. Tout en faisant usage de certaines
herbes des champs et des bois comme simples
reconstituants, les petits chevaliers athlètes du
vieux Japon connaissaient le remède le plus puissant de tous, et ils ne prenaient point la peine de
faire connaître leur secret.

Étant données les circonstances, les *samouraï* ne méritent peut-être point d'être blâmés de leur excessive discrétion. Ils ne formaient pas une caste numériquement bien importante, et il leur fallait maintenir les masses sous la volonté du maitre. Ce fut une des premières découvertes des adeptes du *jiu-jitsu* de reconnaitre que l'eau est le plus grand remède fourni par la nature. Ils l'employèrent aussi bien comme remède interne que comme remède externe, et arrivèrent ainsi à faire de leur caste un objet d'admiration et d'envie pour le peuple.

L'eau comme boisson

A une époque fort ancienne, les *samouraï* reconnurent l'utilité qu'il y avait à boire chaque jour une quantité considérable d'eau froide et pure. La ration actuelle d'un adepte ordinaire du *jiu-jitsu* atteint à peu près quatre litres et demi. L'eau glacée était inconnue des anciens Japonais comme boisson d'été ; elle n'est pas en faveur à l'heure actuelle (1) : tout ce que l'on demande, c'est que l'eau soit assez

---

1. Cette réflexion de l'auteur américain provient de l'usage, on pourrait presque dire de l'abus, que ses compatriotes font en tout temps de l'eau glacée, sans qu'il paraisse, du reste, en résulter d'inconvénients sérieux.

froide pour être agréable au goût. Les boissons d'été, composées de glace pilée avec sirop de fruit (¹), sont entrées dans les habitudes des grandes villes japonaises, mais leur usage est peu répandu et l'élève des écoles de *jiu-jitsu* n'en veut point : il est trop bien instruit pour cela.

Beaucoup d'auteurs ont reproché aux habitants du Daï Nippon de se baigner dans des mares d'eau stagnante et de boire de l'eau impure. Ce reproche est justifié jusqu'à un certain point, mais ces hérésies hygiéniques ne sont commises que par les plus ignorants. Depuis une longue antiquité, les athlètes *samouraï* savent quel avantage il y a à ne boire que l'eau la plus pure. L'histoire ancienne cite le fait d'une armée *samouraï* s'arrêtant dans sa marche et faisant conduire par un détachement un essaim de coolies à la source la plus voisine dont l'eau était connue pour être salutaire. On envoyait aussi les prêtres bénir les eaux, et il fallut des siècles pour que les coolies plus ou moins observateurs commençassent à acquérir cette notion que l'eau de certaines sources était salutaire, qu'elle fût, ou non, bénite.

---

1. Ces boissons sont très répandues aux États-Unis.

Le Japon est parsemé de sources fournissant de l'eau aussi pure que la nature peut la tirer de la terre. Les eaux de maintes de ces sources jouissent de propriétés médicinales légères, mais précieuses. L'auteur a constaté, quand il était correspondant militaire aux Philippines, que l'eau minérale du Japon apportée par mer à Manille était achetée à l'envi par les officiers et par la plupart des hommes qui regagnaient la capitale au retour des opérations. La chaleur tropicale leur faisait boire d'une façon copieuse cette eau très pure, et ceux qui en faisaient pendant quelques jours un usage suivi constataient une atténuation de leurs troubles intestinaux. L'auteur, ayant quelque temps présidé un mess militaire, peut certifier que l'eau du Japon, en raison de ses effets, était préférée à toutes les eaux minérales d'Europe ou d'Amérique que l'on pouvait se procurer à Manille.

Mais les Japonais, à l'heure actuelle, croient qu'il n'est pas nécessaire, pour une bonne eau médicinale, de posséder des propriétés minérales prononcées. Il faut seulement que l'eau soit irréprochable, et une eau de source, par sa longue filtration à travers du sable pur, répond probablement à toutes les exigences — à moins, bien entendu, qu'il n'y ait contamination à la surface. Les eaux minérales sont très coûteuses dans notre pays. L'eau distillée est bien meilleur marché et c'est la meilleure que connaissent la nature ou les chimistes. Cette eau doit être convenablement refroidie. On peut trouver l'eau distillée trop plate de goût ; beaucoup de fabricants s'en servent cependant pour remplir leurs siphons. L'eau de Seltz paraîtra beaucoup plus agréable.

Après quelques jours de traitement interne avec de l'eau en quantité suffisante, l'expérimentateur constatera un changement considérable dans le fonctionnement du rein, et un changement en beaucoup mieux. Les entrailles et toutes les parties si compliquées du système intestinal auront singulièrement bénéficié du traitement.

Un élève japonais de *jiu-jitsu,* qui sent venir une légère indisposition, ne va pas trouver le docteur. L'auteur a l'habitude de boire en temps ordinaire quatre litres et demi d'eau par vingt-quatre heures. Tout récemment, il se trouva menacé d'amygdalite. Une diète complète et une augmentation de moitié de sa ration ordinaire d'eau suffirent à prévenir l'indisposition imminente sans aucune « médecine ». Et pourtant, lorsque le traitement commença, il existait déjà une légère ulcération de la gorge.

Déjà bien avant les temps historiques, les troupes japonaises avaient la réputation d'être par tous les temps à l'épreuve des rhumatismes. En été, elles passaient à gué les cours d'eau et campaient dehors en dépit de pluies torrentielles. En hiver, les mêmes hommes pouvaient coucher dans des champs couverts de neige. Les soldats japonais modernes, pour bivouaquer sur la neige, y dressent des tentes-abris quand cela leur est possible. Les *samouraï* du vieux Japon remplaçaient les petites tentes d'aujourd'hui par des broussailles ou par les pièces disponibles de leurs vêtements. Au reste, le soldat moderne et le *samouraï* du temps passé s'y prennent de même pour camper sur un terrain couvert de neige. Ils mettent à découvert le sol sur lequel on doit s'installer et tassent la neige en forme de digue pour garantir les hommes du vent régnant.

Le rhumatisme est relativement inconnu parmi les jeunes générations du Japon. Seules les très vieilles gens sont atteintes de ce mal ; mais même parmi les personnes âgées, il ne survient pas assez fréquemment pour devenir une maladie redoutée. Les Japonais attribuent leur remarquable immunité relative, en ce qui concerne cette infirmité, à ce fait qu'ils font de l'eau un usage copieux, *intus et extra,* et à ce qu'ils ne redoutent en aucune façon l'air frais, l'humidité ou le froid. Leur abstinence de viande ajoute à cette immunité. Ils regardent en effet celle-ci comme un stimulant et prétendent que l'abstinence de toute espèce de stimulant (¹) habitue l'homme au froid, à l'humidité et aux « courants d'air ».

Bains

Les bains constituent une des parties les plus importantes de l'hygiène japonaise. Le plus humble Japonais — celui qui consacre la plus grande partie de ses heures de travail à un dur labeur manuel — a l'habitude de se laver tout le corps deux fois par jour. S'il ne le fait point, et que le fait soit connu, il est considéré par ses collègues comme une sorte

----

1. C'est un fait bien connu que les arthritiques et les rhumatisants ne doivent point avoir un régime trop riche, ni surtout trop azoté. La goutte, notamment, est une maladie de gens riches.

de paria. Pendant la saison chaude, les sujets les plus aisés du mikado prennent trois bains par jour, et ce chiffre est loin d'être un maximum. Sir Edwin Arnold cite l'appréciation d'un Français disant que les Japonais consacrent au bain un si grand nombre de leurs heures de veille qu'il est impossible de comprendre comment ils trouvent le temps de manger et de travailler.

Quel que soit le nombre de bains qu'un Japonais a pris dans sa journée, il ne craint pas, s'il en a besoin, d'en ajouter un autre à sa liste.

Les bains fréquents constituent une des règles essentielles du *jiu-jitsu*. Si toutes les impuretés qui exsudent à travers la peau ne sont pas fréquemment enlevées par l'eau, il ne peut, au dire des Japonais, exister de santé parfaite. L'opinion américaine qui considère les bains fréquents comme une cause d'affaiblissement semble complètement réfutée par les résultats qu'obtiennent nos petits voisins jaunes de l'Orient.

Le bain chaud. — Tandis qu'en Amérique la tendance moderne est en faveur du bain froid, en raison des effets réparateurs de ce dernier, le principal genre de bain chez les Japonais est le bain chaud. En fait, l'eau employée est si chaude que la plupart des Occidentaux la déclareraient bouillante.

Les gens, au Japon, se baignent souvent et n'éprouvent aucun embarras à le laisser voir. L'Occidental qui, passant dans la rue, jette un coup d'œil dans une cour d'habitation, voit souvent une des filles de la maison quitter sa demeure pour gagner le tonneau d'eau chaude qui l'attend. La jeune Japonaise ne porte à ce moment aucune espèce de vêtement, mais si elle aperçoit l'étranger, elle sourit, s'incline et lui adresse le gentil salut verbal *Ohayo,* qui équivaut à notre bonjour. Puis elle pénètre dans l'eau chaude où elle s'enfonce jusqu'à hauteur de la gorge et prend son bain avec la plus parfaite indifférence. Ce bain peut se prolonger, mais si le visiteur étranger veut demeurer, il aura la bonne fortune de voir la jeune fille regagner la maison du même air souriant et modeste.

Le bain froid. — Il semblerait résulter de ce qui précède que le bain chaud est le bain favori au Japon, mais il n'en est point tout à fait ainsi. Les gens de ce pays apprécient au plus haut degré la valeur de l'eau froide. Le bain chaud sert à ouvrir et à nettoyer les pores de la peau. Le bain froid joue le même rôle bienfaisant à un degré moindre, et sert à produire une action générale vivifiante. En hiver, le Japonais qui a pris dans la maison un bain presque bouillant, saute de son tonneau et se précipite dehors, pour se rouler et se rerouler dans la neige. Puis il rentre à la maison, se sèche, se frictionne vigoureusement et se rhabille.

Les *samouraï* du temps passé avaient coutume de casser la glace des cours d'eau pour prendre leur bain. Leurs descendants recourent aux ruisseaux et aux rivières pour se procurer ces bains froids.

Il est un autre genre d'hydrothérapie que le Japonais pratique dans la saison chaude. Toutes les fois qu'il peut le faire sans salir de l'eau potable, il plonge le haut de sa tête dans l'eau, égoutte l'excédent avec ses mains, place quelques feuilles humides dans son chapeau et reprend sa marche. Cette pratique réduit au minimum le nombre des coups de soleil au Japon (¹). Il va de soi que l'habitude assez générale de porter en été des parasols en papier tend à atténuer les effets de la chaleur so-

---

1. La pratique en question est bien connue du troupier français. Elle ne saurait être trop recommandée, même en Europe.

laire, mais les Japonais préfèrent dans tous les cas
à un parasol une chevelure mouillée.

Les bains publics au Japon. — Au Japon, il
n'existe point de ville — on peut même dire point
de hameau — qui ne possède ses bains publics.
Quelques-uns de ces établissements sont réservés
aux riches, mais la plupart de ces maisons de bains
sont tout à fait démocratiques. Les hommes et les
femmes qui ont consacré leur journée au travail
se rendent à l'établissement de bains ; une légère
déférence pour les idées occidentales a eu pour résultat la séparation des sexes. En venant de la rue,
on pénètre dans une pièce en forme de long vestibule. Le visiteur entre et constate que le bain se
prend à l'autre extrémité de ce vestibule. Les sexes
sont séparés par une cloison dans la partie réservée
aux douches, mais hommes et femmes sont visi-
bles pour le visiteur qui entre ; ni les hommes ni
les femmes n'y prennent garde. Ils bavardent et
rient comme des enfants, restent quelque vingt
minutes dans l'eau, puis se rhabillent et s'en vont,
propres et sains, à leurs plaisirs du soir. Bien qu'on
fournisse de l'eau chaude à ces bains publics, l'eau
froide est beaucoup plus demandée.

Anatomie des Japonais. — Pour qui visite un de ces bains publics japonais, cela vaut la peine de s'approcher des baigneurs et d'étudier l'anatomie de ces gens-là. L'auteur a visité plusieurs de ces établissements en compagnie d'une femme médecin. La moyenne physique était presque uniforme. Les femmes étaient petites, plutôt menues et bien roulées. Bien qu'inférieures en taille à nos femmes d'Occident, c'étaient de splendides modèles d'académie, comme proportion et comme grâce. Les hommes présentaient comme caractères distinctifs des muscles saillants, des poitrines bombées et une taille svelte. La doctoresse amie de l'auteur déclara qu'elle n'avait jamais vu de spécimens anatomiques aussi parfaits d'hommes ou de femmes.

Les bains aux États-Unis et au Japon. — L'auteur voudrait, s'il est possible, insister encore plus fortement qu'il ne l'a fait jusqu'ici, sur cette idée japonaise qu'il est nécessaire de se baigner le plus souvent possible. Il n'y a qu'une douzaine d'années que la grande cité américaine de New-York a commencé à construire des bains publics. Au Japon, des établissements de ce genre ont été installés avant le début de l'époque historique.

Tokio, à l'heure actuelle, possède, pour l'usage de ses habitants, près de neuf cents maisons de bains publics. Tout en étant considérée comme une des vertus cardinales, la propreté a peut-être plus d'importance encore comme condition essentielle de la santé. Dans les jours étouffants de l'été, l'étranger peut se trouver au milieu de la foule la plus dense qu'il soit possible d'imaginer ; chacun autour de lui transpirera librement, mais il ne se dégagera pas la moindre odeur corporelle désagréable.

L'eau à l'intérieur. — Bien que s'occupant avec autant de soin de la santé extérieure du corps, les Japonais pensent qu'il ne peut y avoir de santé parfaite si l'on ne se nettoie énergiquement l'intérieur au moyen de fréquentes ingestions d'eau froide, mais non glacée. Le système intestinal est assimilé par nos malins petits voisins orientaux à un égout qui réclame de vigoureuses chasses d'eau.

———

CHAPITRE VII

L'AIR FRAIS
STIMULANTS ET NARCOTIQUES

Effet vivifiant de l'air frais

Un sujet du mikado ne saurait s'empêcher de rire à l'idée que l'air frais, sous une forme quelconque, peut être dangereux. Le Japonais absorbe l'air frais avec plus de plaisir encore que la nourriture. Nous avons dit, dans un chapitre précédent, que les *samouraï* de jadis n'étaient pas plus tôt levés qu'ils s'en allaient exécuter au grand air un certain nombre de respirations profondes. L'instant qu'ils choisissaient était l'heure du lever du soleil, parce que c'est le moment où l'air est le plus pur. Quand ils n'étaient point en route, les *samouraï* se reposaient pendant le milieu de la journée, se protégeant généralement du soleil en été, mais cherchant souvent ses rayons en hiver.

Au Japon, on n'admet pas cette superstition

occidentale qui veut que l'air de la nuit puisse être dangereux. La nature, disent les Japonais, fournit à chaque heure du jour l'espèce d'air qui convient le mieux.

Les Japonais vivent pour la plupart dans de frêles maisons de bambou. Les chambres sont séparées par des cloisons à coulisse en papier. Aux croisées on remplace le verre par du papier huilé. Dans les nuits les plus froides de l'hiver l'air circule sans obstacle dans les maisons indigènes. Si le dormeur sent le froid, il prend quelques couvertures de plus, mais on n'entrave jamais le passage de l'air frais à travers l'habitation.

On ne craint pas les « courants d'air » et le sens de ce mot est difficilement compris de ce vaillant petit peuple. Par une froide soirée d'automne le chef de la famille, le *oji-san,* s'assied sur le pas de sa porte, en plein dans le courant d'air qui vient du fond de la maison. Il ne prend point froid et à son exemple nul ne prendra froid s'il s'habitue graduellement à cette révolution orientale de nos idées d'Occident. L'étranger qui visite la boutique d'un négociant japonais, la trouvera, même en janvier, les croisées au moins partiellement ouvertes, avec une bise glaciale soufflant vigoureusement

à travers l'appartement. Quant au Japonais, il portera assez de vêtements pour avoir chaud ; s'il se
rend compte du tempérament de l'homme blanc,
il se lèvera plein de considération et fermera la
fenêtre pendant la durée de sa visite.

« L'air de la nuit » n'est jamais regardé comme
mauvais. L'industrieux Japonais qui travaille tout
le jour se plait dans l'atmosphère de la nuit close.
C'est le moment des réjouissances publiques aux-
quelles les plus déshérités prennent leur part. A la
campagne où le pauvre jouit de la vie rurale, on
rencontre les divers membres de la famille se pro-
menant avec peu ou point de vêtements. La rosée
peut tomber, mais pas un d'entre eux ne courra à
la maison pour se couvrir. Les pieds nus circulent
librement dans l'herbe et ce mode d'entrainement
physique recommence le matin de bonne heure.
Après la promenade au dehors on prend un bain
de pieds avant de se coucher.

Bien que l'insomnie soit rare au Japon, il se présente naturellement quelques cas de maladies ner-
veuses. Dans les villes, le remède qu'emploie le
malade consiste à se lever et à sortir à l'air de la
nuit pour se promener de long en large. A la cam-

pagne il grimpe au sommet de la colline la plus voisine, s'assied sur la crête et jouit pleinement de la splendeur et de la fraîcheur de la nuit. Si celle-ci est extrêmement froide, il s'habille de façon à y remédier et se promène jusqu'à ce qu'il sente venir le sommeil. Quand un Japonais donne des signes d'insomnie, cela est considéré comme une preuve certaine qu'il est atteint de troubles cérébraux. Pourtant cette terrible maladie même guérit quand on fait suffisamment usage de l'air de la nuit.

Il est encore une autre façon d'utiliser les propriétés vivifiantes de l'air frais. Le costume national japonais laisse circuler aussi librement que possible l'air de la nuit, chose impossible pour un Occidental qui se conforme à nos idées sur la manière de s'habiller. Le vêtement japonais est lâche et flottant. Il n'offre aucun obstacle empêchant l'air d'aller et venir en tout temps autour du corps. Même les Japonais qui portent le costume européen, et presque tous ceux-là descendent des anciens *samouraï,* prennent de ces bains d'air, toutes les fois que cela est possible, aussi bien le jour que la nuit. Tout Japonais qui le peut se promène dans les bois avec peu ou point de vêtements capables de le gêner. La nuit, il circulera complètement nu sous les arbres qui se trouvent autour de son habitation.

Autrefois, les gens du commun dormaient avec les fenêtres fermées pendant la période rigoureuse de l'hiver. Les *samouraï* qui avaient de plus saines notions d'hygiène dormaient avec les fenêtres en partie ouvertes. A l'heure actuelle, dans les maisons japonaises, on n'a point à redouter l'asphyxie, même avec les fenêtres fermées. Les carreaux sont faits de papier huilé et celui-ci est quelque peu poreux. L'air arrive donc aussi librement que le demandent en général les hygiénistes. Quand la croisée est entr'ouverte, la ventilation est parfaite.

Si l'on songe qu'on peut vivre quelques jours sans eau, parfois un mois sans nourriture, mais seulement quelques instants sans air, il apparaîtra clairement que les Japonais ont bien raison de persister à se saturer d'air frais aussi bien durant la promenade que pendant les heures de sommeil. Bien qu'ils ne redoutent ni l'air de la nuit, ni les courants d'air, les refroidissements et les fluxions de poitrine ne donnent guère de travail à leurs médecins. Les docteurs japonais ne pullulent pas dans chaque localité comme le font les praticiens en Europe.

Usage des stimulants

Les Japonais de l'ancien temps n'avaient guère fait de progrès en ce qui concerne l'usage des stimulants. Ils possédaient un vin de riz, connu sous le nom de *sake*. C'est toujours la boisson nationale enivrante ; encore est-elle moins riche en alcool que la plupart des vins du Rhin. Le seul autre stimulant connu des anciens Japonais était le thé. Mais, même à l'heure actuelle, on n'a pas l'habitude de le faire infuser aussi fort que dans notre pays. Au Japon, le thé se boit assez faible et n'est que légèrement coloré. On le sert sans lait, ni sucre. La caséine du lait, l'acide tannique du thé et une faible proportion des autres constituants de ces deux boissons forment un composé à peu près identique au cuir. Des siècles avant que les Japonais connussent les propriétés chimiques de la combinaison thé et lait, ils avaient appris à se méfier de cette mixture. Ils ne se servaient pas et continuent à ne point se servir de sucre, parce que celui-ci fait disparaitre l'arome délicat du thé.

Jusqu'à l'ouverture des ports japonais au monde entier, la bière, le whiskey et le brandy étaient inconnus. La première de ces boissons a acquis quelque faveur et il existe quelques brasseries indigènes dans l'Empire. Le whiskey et le brandy sont encore importés de l'étranger. Les ales et les bières anglaises et allemandes sont d'ailleurs peu goûtées des Japonais et la plupart de ces derniers s'abstiennent de toute espèce de bière.

Maintenant encore, les mots bière, whiskey, brandy n'ont pas d'équivalents en Japonais. L'étranger qui veut commander une boisson de ce genre doit demander du *beer-sake, whiskey-sake* ou *brandy-sake. Sake* signifie pour les Japonais une boisson avec laquelle le buveur veut s'enivrer, et celui-ci doit indiquer l'espèce particulière de *sake* avec laquelle il se propose de le faire.

Narcotiques. — Opium et tabac

En ce qui concerne les narcotiques, les Japonais ne se livrent à l'usage de l'opium sous aucune forme. Cette substance est même peu en faveur auprès des médecins. Il se trouve naturellement

quelques dégénérés auxquels les Chinois en ont enseigné l'usage, mais le nombre n'en est pas élevé.
Pourtant le tabac a été introduit en grand au
Japon depuis l'époque où le commodore Perry
a assuré l'ouverture des ports de l'Empire au
commerce. Il existe maintenant dans ce pays une
proportion de fumeurs équivalente à celle des
États-Unis. On trouve partout dans l'Empire des
cigarettes de tabac américain. Mais il est un fait
important à noter : la plupart des Japonais ne
consomment que le tiers des cigarettes qui semblent nécessaires à un fumeur américain. Le Japonais qui préfère la pipe la transporte dans sa ceinture, à laquelle est suspendue une blague à tabac.
Les pipes ont des fourneaux si petits qu'on les
fume en une douzaine de bouffées. Une douzaine
ou une quinzaine de pipes par jour sont consi-
dérées comme suffisantes pour un homme en
bonne santé. Or, cela n'équivaut pas à deux cigares de moyenne force par jour. Les cigares,
dont on fait usage à l'occasion, sont surtout réservés aux Japonais qui veulent faire preuve d'habitudes occidentales.

Étant donnée leur façon de faire jusqu'à ce jour,
il ne semble pas probable que les Japonais, après

avoir été exposés pendant cinquante ans à la con-
tagion des excès occidentaux, arrivent jamais à
s'adonner beaucoup à l'usage de l'alcool. Il y a
seulement des chances pour que, avec le temps,
les séductions du tabac finissent par affaiblir partiellement une race qui est, à l'heure actuelle, la
plus forte et la mieux portante du monde.

CHAPITRE VIII

MAIGREUR EXTRÊME ET OBÉSITÉ — LEUR CURE

On ne doit peser ni trop, ni trop peu. L'homme ou la femme qui possèdent trop d'embonpoint perdent un grand nombre des agréments dont ils pourraient jouir dans la vie. L'excès de maigreur montre trop clairement qu'on n'a pas atteint le développement physique nécessaire. L'homme ou la femme qui cherchent à se mettre en parfaite condition de santé doivent atteindre un certain poids qui dépend de l'âge et de la taille.

On trouve des tableaux *ad hoc* dans tous les gymnases bien dirigés et on peut aussi se les procurer par l'intermédiaire des agents d'assurances sur la vie. Il est donc inutile de donner ici ces renseignements statistiques.

L'étude de l'anatomie des Japonais des deux sexes a convaincu l'auteur que ce peuple n'est enclin ni à la maigreur, ni à l'obésité. Il va sans dire que les études de nu de l'auteur ont été faites dans les écoles de *jiu-jitsu* et dans les bains publics. Il est possible que quelques indigènes soient physiquement mal conformés, mais l'auteur n'en a pas aperçu un seul de ce genre parmi les Japonais qu'il a examinés sans vêtements.

Il est tout à fait exceptionnel de rencontrer au Japon une femme obèse : jeune, elle constitue un objet de douce raillerie pour ses voisins. Les Japonais sont toujours polis, mais une femme obèse a des chances qu'on lui dise que ses *honorables proportions* sont excellentes : la destinataire de ce compliment sait exactement ce que cela veut dire. Une femme japonaise trop maigre n'est pas considérée non plus comme attrayante. On la range dans la même catégorie que sa sœur trop grosse. Toutes deux sont déplaisantes.

Chez les races blanches, les hommes possèdent généralement des formes anguleuses, les femmes au contraire des formes bien arrondies. Au Japon, il n'y a entre les deux sexes qu'une très faible différence de silhouette. Chez le Japonais nu, les lignes du tronc, des bras et des jambes sont presque aussi gracieuses qu'elles peuvent l'être chez la femme japonaise. On ne trouve de dissemblance réelle que dans la poitrine et dans les hanches. C'est le même entraînement qui a formé l'homme et la femme. Les seules différences entre les sexes résultent des exigences mêmes de ces sexes.

Dans notre pays, les femmes, même celles qui s'adonnent à la culture physique, ne sont pas forcées de suivre le même programme d'entraînement que les hommes. Au Japon, on applique aux femmes les mêmes règles qu'aux hommes. Il n'y a pas l'ombre de changement dans l'entraînement physique de l'un ou l'autre sexe. Une Japonaise versée dans la connaissance du *jiu-jitsu* peut rencontrer un voleur dans une chambre obscure, et le réduire à l'impuissance en attendant qu'il lui arrive du secours. La femme de l'auteur, bien que ne possédant pas le tiers de la force musculaire de ce dernier, est capable de l'empoigner et de le jeter violemment à terre, s'il lui laisse assurer sa prise. Si l'auteur n'était pas initié au *jiu-jitsu,* il ne tiendrait, au point de vue physique, que la seconde place dans son ménage, en raison de la connaissance que sa femme possède de cet art. Les Japonais et les Japonaises luttent souvent ensemble, sans qu'on s'inquiète de savoir qui est le plus fort ;

ils bénéficient de cet exercice les uns comme les autres.

Maigreur extrême

Bien que la maigreur extrême soit peu commune chez les sujets du mikado, il existe une méthode d'exercice pour remédier au manque de poids. Il faut avant tout un repos absolu, repos qui se prolonge le plus longtemps possible. La durée de ce repos dépend beaucoup de la constitution de chacun, mais quiconque désire augmenter de poids doit rester au lit au moins dix heures sur vingt-quatre. La dose de repos peut être réduite à volonté quand le patient constate qu'il touche au but.

Pendant le repos, le patient est astreint à rester couché sans vêtements sur le plancher, ou sur un lit de repos. Il se procure la chaleur nécessaire au moyen de couvertures. L'air frais du dehors doit pénétrer en abondance par une fenêtre ouverte, les bras et les jambes restant en dehors des couvertures autant que la température le permet. Si le patient se trouve incapable de dormir pendant les dix heures entières, il n'en doit pas moins rester étendu, le plus tranquillement qu'il lui sera possi-

ble. Le repos, même sans sommeil, amènera l'augmentation du poids.

La culture, pendant les vingt-quatre heures du jour, des tendances flegmatiques contribuera au même résultat.

Il est inutile de modifier la nature des exercices quand on cherche à accroître son poids, avec cette restriction toutefois qu'il ne faut pas faire de gymnastique trop intensive.

Les maitres japonais prescrivent la promenade, qui doit se faire comme d'ordinaire, mais à une allure de flânerie et non à une allure énergique. Pour augmenter de poids, il faut bien se mettre dans l'esprit que tout effort, quelque nécessaire qu'il soit, doit passer après les exigences du repos — c'est la bienfaisante indolence !

Les respirations profondes et les bains n'empêchent en aucune façon les masses charnues de s'accroitre ; il en est de même de l'usage interne ou externe de l'eau. La bière, l'ale et le vin feront augmenter le poids, mais sans que le résultat soit satisfaisant. Les Japonais ont fait justice de cette antique erreur que le libre usage de l'eau accroit le poids en gonflant le corps.

Les noix et l'huile sont très employées par les

samouraï actuels qui veulent gagner quelques livres de poids (¹). Les noix sont riches en huile, et toute huile qui ne jouit point de propriétés trop laxatives (²) peut être employée avec le même succès pour provoquer l'engraissement.

On mange les noix, en les mâchant à fond, suivant les indications données par l'appétit du patient. Si on veut faire exclusivement usage de l'huile, on avalera, trois ou quatre fois par jour, environ une once d'huile américaine de graine de coton, en prenant une de ces doses à chacun des deux repas journaliers. Inouye Shan, l'ancien maître de *jiu-jitsu* de la police de Nagasaki, conseille d'employer à la fois l'huile et les noix, en donnant quelque peu la préférence à l'huile sur les noix. On peut se servir d'huile d'olive véritable, mais l'huile américaine de graine de coton a la même valeur au point de vue diététique.

Inouye Shan conseille aussi de prendre l'habitude de dormir au dehors pendant les mois où la température est assez clémente. A cette époque, le

---

1. Rappelons que le régime alimentaire des athlètes grecs était à base de noix et de fromage.

2. L'auteur parle ici des huiles laxatives, parce que la cuisine en Extrême-Orient est très souvent à base d'huile de ricin.

corps ne doit pas être vêtu et les couvertures seront aussi légères que possible. Si l'on est à la campagne, on cherchera un endroit retiré, entouré d'arbres, où l'on puisse dormir de cette façon sans choquer les convenances dans le voisinage. Quant au citadin, il sera forcé de placer son lit à une distance d'un paravent en fils métalliques telle que les regards curieux ne puissent l'importuner.

Les Japonais qui veulent augmenter de poids ont souvent recours aux œufs. Ils n'emploient dans le même but la viande sous aucune forme. Il est fait grand usage du lait par les rares sujets du mikado qui peuvent se procurer en quantité suffisante cette nourriture liquide peu abondante dans le pays. Un descendant des *samouraï* a assuré à l'auteur qu'il avait pu gagner 6 livres en trois semaines et demie par le régime lacté pur. On utilise, dans le même but, le beurre et d'autres substances grasses.

Obésité

Dans les cas d'obésité, on emploie pour réduire le poids un système opposé à celui qui en provoque l'augmentation. On fait cependant usage de l'eau *intus et extra* exactement comme dans les cas de maigreur extrême. On ne change rien à ce qui concerne l'emploi de l'air frais ou la quantité de vêtements. La réduction du poids est pour les Japonais une affaire de diminution de nourriture et d'augmentation d'exercice. On renonce à tous les aliments oléagineux ou tout au moins on n'en fait usage qu'avec beaucoup de circonspection. On pousse l'exercice plus loin que pour l'homme ou la femme de poids normal.

Le jeûne a paru donner dans notre pays quelques bons résultats. Les Japonais sont si partisans de la progression en toute chose que, dans les cas où il faut réduire l'alimentation, on ne fait pas commencer le jeûne immédiatement. On diminue graduellement la quantité de nourriture absorbée chaque jour et le patient, une fois son poids diminué, peut fixer à son gré sa ration journalière, pourvu toutefois que la quantité d'aliments consommés décroisse soit chaque jour, soit tous les deux ou trois jours. On ne croit pas qu'une abstinence complète de nourriture soit une bonne chose : l'estomac réclame autant l'exercice que tout autre organe. Or, quand toute autre partie du corps est surmenée, on y remédie par la diminution graduelle du travail imposé ; les Japonais pensent que cette règle doit s'appliquer à l'estomac. Les adeptes fidèles du *jiu-jitsu* ne sont jamais portés à trop manger, mais ceux qui ont commis cette faute en trouveront le remède dans la diminution progressive de la nourriture.

On n'a jamais recours à la diète, sauf dans les cas de maladie grave de l'estomac. Si l'on constate qu'on ne peut manger avec appétit, on agira sagement en s'abstenant d'essayer. Si l'on n'éprouve qu'un faible besoin de nourriture, il faut manger, mais en absorbant juste ce qui convient à un appétit temporairement déprimé. Un Japonais a rarement besoin de jeûner plus de vingt-quatre ou trente-six heures. Après ce laps de temps, son estomac est de nouveau en état d'accomplir sa tâche habituelle. Un jeûne de sept jours, ou de quarante jours, passerait au Japon pour un tour de force, et non pour un procédé hygiénique.

L'exercice, sous toutes les formes où il est enseigné dans le *jiu-jitsu*, joue naturellement un rôle important dans la réduction de l'obésité. Cependant, comme l'ont découvert ceux de nos compatriotes qui cherchent à diminuer leur poids, l'exercice seul ne peut conduire au résultat cherché. On a

constaté que l'exercice immédiatement suivi du bain
— et plus le bain est froid meilleur il est — produit trois fois plus d'effet que l'exercice non accompagné de bain. Les *samouraï* déclarent que l'exercice a très peu d'effet s'il n'est suivi d'un nettoyage
immédiat de la peau, pour enlever les déchets que
l'exercice a eu le bon résultat de faire exsuder.

Il y a un grand nombre de raisons pour que le
bain produise d'heureux effets, surtout quand le
bain est aussi froid que le patient peut le supporter ; le corps tout entier en bénéficie, mais c'est
la peau qui est plus particulièrement stimulée.
Bien que les Japonais aient beaucoup de goût pour
le bain chaud, celui-ci est toujours suivi, quand
cela est possible, d'une réaction froide. Le bain
chaud ouvre les pores beaucoup mieux que le
bain froid ; mais, s'il n'est pas suivi d'une réaction
froide, il tend à énerver. Cette réaction, à en croire
les *samouraï,* stimule et rétablit la circulation.

En hiver on conseille souvent, pour diminuer de
poids, de prendre, quand cela est possible, des bains
de courte durée pour lesquels on est obligé de
casser la glace en entrant dans l'eau.

Malgré la sévérité de ce traitement, les Japonais
sont peu enclins aux maladies pulmonaires. Leurs

frères inférieurs les Philippins, qui pratiquent peu l'exercice et sont incapables de prendre des bains froids, sont sujets à une foule d'affections des poumons.

Quand un *samouraï* se trouve trop gros, il sait qu'il est inutile de chercher à réduire son poids s'il ne s'y est préparé par une réduction progressive de sa ration alimentaire habituelle. Il ne faut pas changer brusquement de régime, mais avant tout diminuer la quantité de nourriture et supprimer ensuite complètement et progressivement tous les aliments oléagineux et amylacés. On fera usage de poisson séché, de fruits et de légumes dont on réglera la quantité d'après les indications de l'appétit. Le riz, les pois et les aliments amylacés de toute espèce doivent être proscrits. Les œufs sont également peu en faveur auprès de ceux qui veulent diminuer de poids. La viande, cela va sans dire, est hors de cause. Les boissons alcooliques de toute espèce sont rigoureusement proscrites.

On comprend facilement qu'un excès de sommeil ne conduise pas à la sveltesse. Les Chinois qui dorment plus longtemps dans les vingt-quatre heures que les Japonais, sont bien plus souvent obèses. Les Japonais dorment en moyenne sept à huit heures par jour. Les Chinois qui ont du temps de reste sont assez disposés à rester neuf heures au lit. Les coolies chinois, qui ont trop de travail dans la journée pour pouvoir consacrer neuf heures au repos, ont beaucoup plus de chances de posséder les lignes élancées des Japonais.

Aux Japonais qui désirent diminuer de poids on conseille de ne pas dormir plus de cinq ou six heures; on prétend qu'un embonpoint exagéré est le signe qu'on dort trop. Il faut autant de volonté pour réduire la durée de son sommeil que pour réduire la quantité d'aliments qu'on absorbe, mais ce sont là des sacrifices que doit faire l'homme ou la femme qui désire perdre de son embonpoint. Le *samouraï* qui a trop engraissé diminue à la fois sa ration et la durée de son sommeil. Le *samouraï* trop gras a constaté qu'il peut faire les deux choses à la fois sans autre conséquence qu'un peu de gêne. Cette gêne est la preuve de la nécessité du sacrifice. Ne point être disposé à faire cette offrande sur l'autel de la santé c'est reconnaitre qu'on ne mérite point d'obtenir les résultats désirés. Les Japonais, on le voit, ne sont rien moins que dépourvus de bon sens.

CHAPITRE IX

COUPS PRÉLIMINAIRES D'ATTAQUE ET DE DÉFENSE

Il est fort probable que la plupart de nos lecteurs se contenteront de parcourir les chapitres précédents et passeront bien vite à celui-ci et à ceux qui le suivent pour y trouver les principes de la défense personnelle. Ce serait cependant là une erreur de leur part.

Les principes du *jiu-jitsu* que nous allons exposer maintenant supposent comme point de départ un entraînement physique poussé à fond. L'élève doit avoir exécuté scrupuleusement le travail indiqué dans les chapitres qui traitent de l'exercice, du régime, des bains, de l'air frais, etc., avant de pouvoir tirer profit des coups dont nous allons donner maintenant la description. La force physique et le sentiment de confiance qu'elle inspire à qui la possède sont indispensables pour faire de ces coups le meilleur usage possible. Un homme faible peut y avoir recours, mais il n'en retirera pas tout le profit qu'il est permis d'en attendre.

Cependant les Japonais n'emploient pas toute leur force dans la lutte. Ils se contentent d'utiliser la force de leur adversaire, pour le vaincre. Il faut quelque temps pour bien comprendre ce point. Un Japonais qui empoigne son adversaire ne déploie pas toute la force qu'il a acquise. Ce qu'il veut, c'est prendre son antagoniste par l'endroit le plus faible. Il tient alors ferme et laisse l'autre dépenser toute sa force de résistance d'une façon qui provoque la douleur ou amène l'épuisement. C'est ainsi que l'homme sur la défensive, qui porte le pincement de poignet décrit plus haut (voir p. 6), n'a autre chose à faire qu'à tenir bon jusqu'à ce que la capacité de résistance de son adversaire soit épuisée au point de le mettre hors d'état de continuer la lutte.

Tous les coups de *défense personnelle* doivent être pratiqués par deux adversaires. On peut espérer qu'aucun des combattants n'aura à lutter réellement pour sa sécurité, mais on doit encourager les assauts courtois, car chacun contribuera à développer la force, le courage et, ce qui est surtout précieux dans les circonstances critiques, la présence d'esprit et l'agilité.

Il n'est pas douteux que les procédés japonais ne

soient, au point de vue de la défense personnelle, supérieurs à ceux des boxeurs américains. Un Japonais ne pourrait entrer dans le *ring* et se conformer avec succès à ses lois, mais s'il se rencontre avec un Américain et s'il emploie sa propre tactique en laissant son adversaire appliquer les règles de la boxe, la victoire restera invariablement au Japonais. Cette idée du petit homme jaune que *tous les coups sont permis* lui assure l'avantage.

Dans une lutte courtoise, on peut désigner d'avance le vainqueur et, en règle générale, il vaut mieux procéder de cette façon. Dans les épreuves réelles de force et d'adresse, il doit toujours y avoir des deux côtés une volonté arrêtée d'obtenir l'avantage.

Après avoir étudié les coups que nous allons décrire dans ce chapitre et dans les suivants, l'élève doit avoir pénétré complètement l'idée maîtresse du *jiu-jitsu*. Il s'agit de saisir des muscles et des nerfs et de les soumettre à une épreuve sérieuse. Dans les descriptions qui vont suivre, nous indiquerons quelques-uns de ces muscles et de ces nerfs. On trouvera le reste avec la plus grande facilité. Lorsque l'élève aura pratiqué quelques-uns des coups élémentaires,

Fig. 9.

La prise de main pour tomber un adversaire.

il sera en état de situer lui-même les nerfs et les muscles dont il n'aura pas encore été question. Les trucs défensifs du *jiu-jitsu* sont faciles à découvrir pour qui désire les connaître et sait déterminer pratiquement lui-même les emplacements des nerfs et des muscles les plus sensibles.

Prise de main. — Le premier de tous les trucs enseignés est la prise de main qu'on emploie pour tomber son antagoniste. On empoigne la main, les doigts prenant appui sur la paume de l'adversaire, et l'on enferme le pouce de ce dernier qu'on rapproche le plus possible du petit doigt (*fig. 9*). En même temps, l'homme qui cherche à tomber l'autre presse énergiquement avec le pouce un muscle qu'il trouvera juste au-dessous de la base du troisième doigt de l'adversaire. La détermination de l'emplacement de ce muscle se fera par expérience.

Aussitôt la main saisie, l'homme qui a fait la prise imprime au poignet de son antagoniste un violent effort de torsion en dehors et par-dessus et s'efforce de le renverser. Si la chute semble douteuse, l'assaillant placera son pied droit en arrière du pied gauche de sa victime (*fig. 10*). Un coup brusque rapidement porté au-dessous du menton

avec le tranchant de la main restée libre augmentera
les chances de succès.

Cette prise se pratique généralement de façon à
amener la chute en empoignant avec la main droite
la main gauche de l'adversaire, mais on peut aussi
se servir de la main gauche pour saisir la main
droite de son antagoniste. On ne doit pas employer
trop de force en portant ce coup, sinon on s'expo-
serait à luxer le poignet de l'adversaire. Les Japonais se servent cependant sans cesse de ce coup,
qui n'a aucune valeur comme riposte, mais qui
est excellent pour mettre sur le dos un adversaire
avant qu'il ait songé à fermer le poing et à porter
l'épaule en avant.

Le coup de gosier. — Après avoir étudié cette
prise, on enseigne un coup qui est des plus efficaces lorsque l'adversaire menace d'une attaque,
mais n'a pas encore élevé les mains pour la porter.
On peut saisir l'un des poignets de l'adversaire,
mais ceci n'est pas toujours nécessaire. Le principal
est de porter avec le tranchant du poignet un coup
sec décisif sur le haut du thorax, en d'autres termes
de frapper violemment avec le tranchant du poignet

Fig. 10. — *Le coup de gosier avec le tranchant du poignet.*

C'est un coup d'assommoir sûr.

(L'auteur y a eu recours en cas de nécessité, avec les meilleurs résultats.)

sur ce qu'on appelle la « pomme d'Adam » (*fig. 10*).
Ce coup étend sur le sol tout homme qui n'a pas
prévu l'attaque.

Lorsque l'adversaire est par terre, on n'a qu'à se
laisser tomber sur lui en lui appuyant le genou sur
le creux de l'estomac et à recourir à la prise de
gorge qui sera décrite plus loin (voir p. 117).

Tous les détails de ce coup doivent être étudiés
avec le plus grand soin, car il constitue un des
moyens les plus efficaces de prévenir une attaque.
Il a aussi l'avantage de ne pas blesser l'homme ainsi
repoussé, à moins toutefois que celui-ci n'ait la
malchance de tomber sur la base du crâne. Dans
les assauts courtois, on prévient cet accident (fracture du crâne) en faisant usage d'un matelas. Quand
on exécute ce coup, il est en général avantageux
de placer la jambe qui se trouve en avant derrière
la jambe la plus rapprochée de l'adversaire. On
peut ainsi accompagner le coup d'un croc-en-
jambe et l'adversaire se trouvant pris entre le pied
et le poignet, le résultat est sûrement décisif.
Quand on le porte sur un trottoir d'asphalte, ce
coup peut être funeste. Si on l'exécute sur un matelas ou sur un tas de foin, il n'en peut résulter aucun préjudice pour des hommes en état normal.

Le « viens donc ! » des policiers japonais. — Les Japonais ont encore recours à un autre coup, qui est la simplicité même. A l'heure actuelle, ce coup est surtout employé par les agents de police. Il est connu sous le nom de « viens donc ! ». Il vaut mieux attaquer l'adversaire du côté gauche ; aussi, bien que l'attaque soit efficace des deux côtés, est-ce celle du côté gauche que nous décrirons.

L'assaillant jette son bras droit par-dessus le bras gauche de sa victime (*fig. 11*) dont il saisit en même temps le poignet avec la main gauche. Dans cette prise, les pointes des épaules opposées doivent être aussi rapprochées que possible. Au moment précis où il effectue la prise, l'attaquant se saisit à lui-même le poignet gauche avec la main droite, en faisant passer celle-ci sous le bras gauche de son adversaire. Il fléchit ensuite en avant autant qu'il est nécessaire. Sauf dans le cas d'un combat réel, ce coup ne doit pas être porté à fond. On remarquera sur la photographie 11 que l'assaillant a placé son pied en avant de celui de sa victime, ce qui lui permet d'exécuter une flexion en avant assez accentuée et assez rapide pour mettre son homme à terre d'un croc-en-jambe.

Lorsqu'on exécute ce coup, on peut craindre

Fig. 11. — Le « Viens donc ! »

Truc employé par les agents de police japonais pour venir à bout
d'un prisonnier récalcitrant.

FIG. 12. — **Coup d'arrêt.**

Prise éminemment commode pour arrêter une attaque menaçante. (On peut casser le cou de l'adversaire avec une prise trop brutale.)

d'amener une fracture du bras ou de l'avant-bras. Si le défenseur oppose une résistance suffisante et si l'assaillant emploie assez de force pour arriver à ses fins, l'homme ainsi attaqué aura sûrement une fracture osseuse. Dans les assauts courtois, on doit pratiquer cet exercice sans déployer de part et d'autre une force exagérée.

Pour qui connaît les procédés du *jiu-jitsu,* il est une parade très simple du « viens donc ! ». L'homme attaqué ayant sa jambe derrière celle de l'assaillant, il lui suffit d'appliquer sa main libre ouverte sous le menton de son adversaire. S'il agit à temps, il peut mettre son adversaire sur le dos et lui appuyer alors le genou sur le creux de l'estomac.

Coup d'arrêt. — Le coup suivant est facile à comprendre ; il est si simple qu'on peut l'apprendre en quelques minutes. L'assaillant jette brusquement son bras gauche autour de la ceinture de son adversaire en enfonçant ses doigts avec une extrême vigueur à la base de l'épine dorsale (*fig. 12*). En même temps, il exerce de bas en haut avec la main droite une pression sous le menton de son adversaire de façon à lui rejeter la tête en arrière. L'homme ainsi attaqué risque d'avoir le cou brisé si l'attaque est faite avec assez de brutalité. L'assaillant peut, en outre, frapper de son genou droit l'abdomen de son adversaire.

C'est là une attaque si dangereuse qu'un Japonais n'y aura jamais recours, à moins que ce ne soit une question de vie ou de mort. Si l'homme attaqué reçoit le coup de genou dans le ventre, il ne dispose d'aucune parade. S'il s'agit seulement de dénouer la prise, il peut employer le renversement par la prise de gorge décrit page 118 (*fig. 14*).

Le coup que nous venons de décrire est très assidûment pratiqué dans les écoles de *jiu-jitsu*. C'est un de ceux qui demandent le plus d'agilité : l'attaque ne peut être parée si elle est exécutée assez vivement. Mais pour rendre le coup décisif et funeste, il faut porter le genou au ventre juste au moment de la prise. Au premier essai, l'élève se rendra compte que son bras gauche doit passer entre le bras droit et le corps de son adversaire. Si son bras passe en dehors du bras droit de son antagoniste, ce dernier aura quelques chances de plus de résister à l'attaque.

Fig. 13.

Faire passer l'adversaire par-dessus sa tête.

CHAPITRE X

COUPS DE COMBAT

Renversement par-dessus la tête. — L'un des
coups les plus profitables au développement général des muscles peut être parfois utilisé pour la défense personnelle. Il est de ceux qu'il ne faudrait
pas porter sur un trottoir d'asphalte ou sur une
route dure ; il est du reste originaire du Japon, où
presque tous les assauts athlétiques avaient jadis
lieu sur le gazon. Ce coup est le « renversement
par-dessus la tête ».

Attaquez l'adversaire en le saisissant par les revers de son vêtement. Élevez en même temps le
pied gauche et appliquez-le aussi haut que possible
contre la face interne de sa cuisse droite (*fig. 13*).
Complétez le mouvement en sautant sur le pied
droit aussi près que possible de l'adversaire. Cela
fait, renversez-vous en arrière sur le sol avec autant de force que vous pourrez le faire. L'opposant
est sûr de passer par-dessus votre tête. Pendant

la chute on doit, au moment même où le ren
versement s'effectue, redresser vivement et complètement la jambe appliquée contre la cuisse de
l'adversaire. De cette façon, la jambe jouera le rôle
de levier et il sera impossible de résister au mouvement de bascule.

Les habitants des villes peuvent exécuter ce
coup sur des matelas ; ceux qui vivent à la campagne trouveront dans les tas de foin de la grange
un terrain excellent.

Il ne faudrait pas croire que le coup que nous
venons de décrire est destiné seulement à la défense
personnelle : il est des plus utiles pour fortifier la
plupart des muscles. Toutefois il n'est pas à recommander à ceux qui présentent des troubles cardiaques de quelque importance ; quant aux Japonais,
leur genre de vie les rend peu sujets aux maladies
de cœur.

Les personnes atteintes d'affections cardiaques
peuvent pratiquer cet exercice une fois par hasard,
mais il faut observer avec soin l'effet produit, et si
la chute amène le moindre malaise du côté du cœur,
on doit renoncer à cet exercice, ou du moins en
réduire considérablement l'emploi.

Il ne faudrait cependant pas conclure de ce qui

précède que cet exercice peut faire naître l'affection en question là où elle n'existait point auparavant.

Ce coup est si populaire parmi les instructeurs du *jiu-jitsu* et ils le considèrent comme si profitable qu'on l'enseigne généralement à la sixième ou septième leçon. La moindre pratique montrera à l'expérimentateur tout l'avantage de cet exercice pour fortifier les muscles. L'assaillant ne doit jamais oublier de contracter tous les muscles mis en jeu. Quant au défenseur il n'a d'autre parade à opposer que la prise de bras indiquée sur la figure. Bien qu'il ne puisse éviter de passer par-dessus la tête de l'assaillant, le défenseur, en employant au mieux la prise de bras, verra ses chances considérablement augmentées s'il a pu l'assurer d'une façon efficace.

Lorsque les deux hommes en sont venus aux prises, chacun d'eux s'efforcera d'employer le coup décrit dans cet ouvrage ou inventé par lui, qui lui semblera le mieux s'adapter aux circonstances.

La prise de gorge. — L'élève en étant arrivé à ce point, on lui fait essayer la prise de gorge. C'est un procédé très simple et très efficace pour tenir son adversaire en échec.

Cette prise exige l'emploi des deux mains. L'assaillant, d'un mouvement rapide comme l'éclair, saisit son adversaire par l'intérieur du col de son vêtement (*fig. 14*) et appuie la seconde articulation de chaque index contre la « pomme d'Adam » de l'attaqué, avec assez d'énergie pour l'étrangler effectivement. Dans la figure 14 on voit l'attaqué se défendant au moyen du pincement d'avant-bras. Il est bon d'employer fréquemment, à titre d'exercice, cette manière de saisir la gorge.

Pour qui veut apprendre à vaincre, il importe de chercher à accroitre la rapidité d'exécution de ce coup. Il ne faut toutefois le pratiquer qu'avec beaucoup de précaution, car une pression maintenue trop longtemps pourrait causer la mort.

Nous avons vu le cas d'un homme à qui l'on venait d'enseigner ce coup et qui, en l'exécutant trop brutalement, fut sur le point d'amener la mort par apoplexie. Dans les assauts, une pression de trois ou quatre secondes sera suffisante. Maintenir pendant vingt secondes une pression un peu accentuée serait dangereux, du moins pour un débutant.

Fig. 14. — *La prise de gorge la plus efficace.*

(Si la prise est bien assurée, l'adversaire est défait du coup.)

Comment dénouer sans difficulté une prise de gorge.

Un Japonais qui s'est suffisamment endurci la gorge est en état d'accomplir une performance très remarquable. Il se couche sur le sol et se fait placer en travers de la gorge un lourd bambou ; trois hommes peuvent alors appuyer de chaque côté le bambou de toutes leurs forces sur sa « pomme d'Adam ».

Il ne serait pas prudent pour un néophyte du *jiu-jitsu* de se soumettre à pareille épreuve, mais s'il persiste à pratiquer de plus en plus sérieusement la prise de gorge, au fur et à mesure de ses progrès, il constatera finalement que sa gorge peut résister à toutes les prises normales. Dans ces conditions, il se trouvera naturellement à l'abri de toutes les attaques ordinaires à la gorge.

Parade de la prise de gorge. — Il existe un moyen simple de parer l'attaque de gorge. Cette parade est si facile qu'elle met l'assaillant dans l'impossibilité de maintenir sa prise. Quand il est saisi à la gorge, le défenseur doit croiser *énergiquement* ses mains en avant du corps (*fig. 15*) et projeter ses bras de gauche à droite contre les bras de l'assaillant, qu'il frappe par-dessus avec assez de force pour rompre la prise. Ce moyen de défense est si simple et si efficace que la plus solide prise de gorge peut être immédiatement dénouée. L'homme qui rompt ainsi la prise peut aussi écarter de force les bras de son adversaire en passant par-dessus et se servir alors de ses mains jointes pour placer sous le menton un coup aussi mauvais qu'il le désire.

On enseigne aussi à fond que possible, dans les écoles japonaises de *jiu-jitsu,* ce mode d'emploi des mains solidement jointes. Les coups qu'il permet d'exécuter servent constamment à la défense. On y a recours toutes les fois qu'on le peut, pour écarter de force un assaillant qui s'est assuré une prise trop énergique. L'un des meilleurs procédés consiste à faire usage des mains jointes pour asséner un coup violent sur le *plexus solaire.*

Le même coup peut être dirigé contre le creux de l'estomac. Dans certaines circonstances on le portera au cœur ([1]) mais seulement quand la nécessité de la défense personnelle l'exigera impérieusement.

---

[1]. C'est un coup analogue qui a mis bas Corbett dans son match contre Jeffries. Jeffries a baptisé ce coup, qu'il cherche souvent à placer, du nom d'*Express XX*e *siècle.*

Les mains étant jointes de cette façon, on peut décocher un très mauvais coup en frappant le flanc de l'adversaire, à hauteur de la ceinture, avec le poignet le plus rapproché de lui. Le coup doit être porté vivement et rebondir instantanément.

On apprend peu à peu à l'élève japonais à employer le même procédé pour attaquer systématiquement l'abdomen de son adversaire et aussi le *plexus solaire*. Au ventre on applique une pression plutôt qu'un coup. Cela est aussi la règle au début dans les attaques dirigées contre le *plexus solaire*, mais cette partie du corps peut endurer un coup plus énergique que l'estomac. Avec le temps, le ventre lui-même arrivera à supporter un coup très violent. Les muscles de l'estomac d'un maitre japonais de *jiu-jitsu* semblent aussi durs que le fer. Son *plexus solaire* devient presque invulnérable. Il ne redoute pas une attaque contre le ventre ou le creux épigastrique et il arrive graduellement à ce résultat par la pratique constante des coups portés avec les mains jointes.

Au début on ne doit pratiquer qu'avec beaucoup de modération les coups portés contre les flancs avec les mains jointes. Peu à peu l'élève voit les muscles de ces régions s'endurcir au point qu'il arrive à supporter les chocs les plus violents.

Coup à la base de l'épine dorsale. — Il existe un mauvais coup qui n'est pas à recommander, à moins que l'élève ne se trouve dans une situation où il lui faut se défendre à tout prix. S'il réussit à passer par-dessous le bras gauche de son adversaire hors de garde, il appliquera avec le tranchant du poignet le plus rapproché un coup à la base de la colonne vertébrale. Ce coup peut avoir pour effet de briser l'épine dorsale de l'homme ainsi attaqué.

On peut porter un coup également mauvais avec le tranchant de la main — naturellement du côté du petit doigt.

Faire passer l'adversaire par-dessus son épaule. — Un coup qui peut devenir très amusant consiste à faire passer l'adversaire par-dessus son épaule. Il est préférable de le faire passer par-dessus l'épaule droite. La figure 16 montre la meilleure position à prendre pour exécuter ce coup. Tout dépend naturellement de la façon dont l'assaillant peut placer son attaque.

Fig. 16.

Faire passer l'adversaire par-dessus son épaule.

Comment on peut parer une attaque avec une prise
par-dessus l'épaule.

Pour faire passer l'adversaire par-dessus son épaule droite, l'assaillant, placé du côté gauche de ce dernier, lui saisit le bras gauche avec les deux mains, comme l'indique la figure 16, qui montre la manière d'exécuter la prise. Puis, après avoir assuré cette prise et avoir saisi le poignet et les muscles du bras de la victime par le procédé habituel de pincement, il exécute brusquement une volte-face à gauche en se baissant de façon que la victime se trouve reposer sur sa hanche gauche. La hanche fournit un point d'appui qui permet à l'assaillant, par une brusque flexion en avant, de faire passer sa victime par-dessus son épaule, en même temps qu'il lui tord violemment le poignet. La culbute ainsi produite doit amener la victime sur le dos. La chute obtenue, l'assaillant place le genou (le gauche de préférence) sur le creux épigastrique de son adversaire et, avec la prise de gorge déjà décrite, contraint la victime à faire sa soumission.

Prise par-dessus l'épaule. — Un autre coup auquel on peut souvent recourir avec avantage est celui qu'indique la figure ci-contre (*fig. 17*). L'assaillant, placé à gauche, saisit le poignet gauche de son adversaire et applique brusquement le bras gauche de ce dernier sur sa nuque. En même temps, du plat de la main droite, il repousse en arrière la tête de son antagoniste. Le défenseur pourrait alors faire usage de sa main droite qui est libre pour décocher un coup violent. Mais on voit que l'assaillant a la jambe droite placée en avant de la jambe gauche de sa victime et, étant donnée l'attitude des deux hommes, il est facile à l'assaillant de provoquer la chute avant que le défenseur ait pu porter son coup.

Enlever son revolver à qui cherche à s'en servir. — Quiconque aura suffisamment pratiqué le coup que nous allons décrire pourra sans crainte essayer de désarmer un individu qui tenterait de se servir d'une arme contre une autre personne. La figure 18 montre un homme qui a sorti son revolver contre un autre. Le troisième personnage, qui veut prévenir le meurtre, se précipite en avant, soit sur le côté, soit par derrière. Avec la main droite, il saisit le poignet du bras qui tient l'arme, d'un pincement de poignet aussi dur que possible. Il effectue en même temps de la main gauche un solide pincement au milieu du bras. Un effort violent

Fig. 18.

Moyen d'enlever son revolver à quelqu'un qui veut en faire usage.

lui permettra de relever d'une saccade et de renverser en arrière le bras du meurtrier. La main de
l'homme étant alors ramenée vers le bas, derrière
son dos, une traction rapide lui arrachera son
arme. C'est là un truc qu'il faut pratiquer souvent, en employant toujours, bien entendu, un
revolver non chargé. Il est nécessaire de faire quelques essais pour bien comprendre le principe du
coup, mais chaque répétition rendra plus facile la
tâche qui consiste à sauver ainsi une vie menacée.
L'auteur, un jour qu'il se trouvait assis dans le
hall d'un hôtel, en train de lire son journal, put
laisser tomber la feuille, bondir en avant et écarter
sur-le-champ l'arme qu'un homme venait de sortir
pour en faire usage dans une rixe politique. C'é-
tait la première fois qu'il avait l'occasion d'utiliser
ce coup pratiquement, mais c'est un truc excellent
à connaître, dût-on l'employer dans le but unique
de fortifier ses muscles et d'accroitre son agilité et
son adresse.

On ne pourra tirer profit d'aucun des coups décrits, si l'on se contente de regarder les photographies de ce livre et de lire le texte. Chacun de ces
coups doit être pratiqué avec beaucoup de patience

et très fréquemment répété. Il est impossible d'en apprendre un seul en une seule reprise, mais on pourra posséder bon nombre d'entre eux au bout d'un petit nombre de séances. Quand un élève connaîtra à fond l'un d'eux, il passera à un autre qui lui semble plus difficile, et consacrera à celui-là la plus grande partie de son temps, mais il n'en devra pas moins pratiquer fréquemment les coups dont il se croit parfaitement maître. « S'entretenir constamment » est de la plus haute importance pour qui veut devenir un expert en *jiu-jitsu*.

Le coup des manches. — Nous avons mentionné dans le chapitre IV (page 54) le coup des manches d'habit. Nous allons en donner maintenant une description plus complète.

Pour attaquer, l'assaillant porte brusquement les mains en avant et saisit les extrémités supérieures des revers de l'habit de son adversaire. Il doit avoir soin de passer ses deux bras *entre* les bras de sa victime. S'il passait un de ses bras en dehors de l'un des bras du défenseur, il perdrait beaucoup de son avantage. Il est en effet aisé de comprendre comment le défenseur pourrait se servir du bras ainsi emprisonné pour exécuter de de-

FIG. 19. — *Le coup des manches.*

Employé pour réduire l'adversaire à l'impuissance.

dans en dehors un effort violent qui aurait beaucoup d'effet pour dénouer la prise. Une fois que l'on a solidement saisi les revers, il faut rabattre brusquement le vêtement vers le bas jusqu'à ce que les manches enserrent étroitement les bras de la victime (*fig. 19*), un peu au-dessus des coudes. Maintenir alors énergiquement la prise. Quand il s'agit d'une attaque réelle, si l'homme qui a recours au coup des manches d'habit trouve que les circonstances ne lui permettent pas de porter le croc-en-jambe décrit dans le chapitre IV, il peut s'assurer instantanément l'avantage en se servant de son genou pour appliquer un coup violent dans l'abdomen de son adversaire. Mais les Japonais emploient rarement ce dernier procédé, qui est dangereux, à moins que les nécessités de la défense personnelle ne l'exigent impérieusement.

CHAPITRE XI

CE QUE L'ON PEUT APPRENDRE SEUL
COMMENT ACQUÉRIR L'AGILITÉ

Dans les chapitres précédents, nous avons indiqué tout ce qui est essentiel à l'entraînement préliminaire de l'étudiant en *jiu-jitsu*. Quiconque se sera assimilé dans tous leurs détails les exercices décrits, et les aura pratiqués d'une façon assidue, constatera dans son état de santé une amélioration notable et se trouvera beaucoup plus à même de prendre part à un combat singulier.

On impose à l'élève japonais plusieurs mois de travail élémentaire. Pendant les premiers mois, on l'astreint surtout à cultiver les procédés qui visent le développement des muscles et de l'endurance, et on ne lui permet que juste assez d'exercices de combat pour l'intéresser à la recherche du perfectionnement physique.

Après les premiers mois d'exercice, on apprend à l'élève à faire davantage acte d'initiative. Il y a beaucoup de choses qu'il peut apprendre de lui-même. Nous avons déjà fait allusion à la possibilité pour l'élève, lorsqu'il a reçu les premiers éléments d'instruction, de déterminer la position de presque tous les muscles ou nerfs vulnérables du corps. En ce qui concerne les membres, autant qu'on peut donner une indication précise, c'est au milieu des faces avant et arrière des bras et des jambes qu'il trouvera les régions les plus sensibles aux prises.

Le cou présente nombre de points où l'on peut effectuer un pincement des plus douloureux pour la victime. Quelques-uns de ces points ont déjà été signalés ; ajoutons seulement que l'élève doit déterminer tous les autres par expérience, en les cherchant sur son propre cou. Il peut alors essayer l'efficacité de ces pincements sur le cou d'un camarade, en se soumettant ensuite à son tour à la même épreuve.

Torsions du poignet. — Supposons que l'élève joigne les mains, les doigts entrelacés. Il s'apercevra qu'une torsion brusque et énergique de l'un de ses poignets vers le haut ou vers le côté détermine de la douleur et de la faiblesse dans les muscles et les os de la partie attaquée. Au contraire, une brus-

que torsion vers le bas ne cause qu'une gêne res-
treinte. Quand deux adversaires pratiqueront ces
exercices, ils s'apercevront que l'assaillant abandonne l'avantage à son adversaire en faisant usage
des torsions vers le bas. Inversement, l'assaillant
qui recourt aux torsions vers le haut ou vers le
côté prend l'avantage.

De là dérive un entraînement des plus utiles qui
peut servir aussi bien à développer les muscles
qu'à étudier les procédés d'attaque ou de défense.
On ne peut pas toujours recourir, avec une rapidité suffisante, à cet entrelacement des mains, mais
quand il est réalisable, il se montre très efficace.
On devra consacrer beaucoup de temps à l'étude
de ce procédé, car il est particulièrement utile dans
le combat quand on peut l'employer par surprise,
c'est-à-dire quand le défenseur ne se doute nullement qu'on va recourir à cette forme d'attaque.

Lorsqu'il exécute la torsion vers le haut, l'assaillant a recours à ce croisement de mains en intro-
duisant de force les doigts de la main droite entre
ceux de la main droite de son adversaire, et serrant
le plus étroitement possible. Il utilise en même
temps sa main gauche pour pincer fortement le
milieu du bras droit de sa victime. Le défenseur

sent son bras droit s'en aller par-dessus sa tête, tandis que la main saisie est renversée en arrière sur le poignet d'une façon susceptible de lui causer une douleur atroce.

Il faut toujours se rappeler que l'homme attaqué a le bras gauche libre et qu'il peut s'en servir pour détacher un mauvais coup. Mais l'assaillant japonais évite ce danger, soit en sautant le plus loin possible vers la droite, tout en maintenant la prise douloureuse, soit en se rapprochant et portant un croc-en-jambe avec la partie postérieure de sa jambe qui forme levier en arrière de celle de sa victime. Lorsque les positions relatives des combattants le permettent, c'est à ce dernier moyen qu'on a recours dans les écoles de *jiu-jitsu*.

Ce coup donne naissance à de nombreuses formes d'attaque. Deux élèves qui le pratiquent fréquemment ensemble en découvriront à coup sûr toutes les variétés. Il n'y a aucune défense possible si l'assaillant assure convenablement la prise et emploie les moyens indiqués pour éviter le bras gauche de son adversaire. Bien que l'attaque puisse être exécutée du côté gauche, en effectuant la prise de la main gauche, elle ne paraîtra pas aussi effi-

cace que du côté droit. Dans de rares circonstances, l'assaillant pourra trouver avantage à croiser
ses deux mains avec celles de sa victime, en les
élevant d'une brusque saccade et renversant de
force les mains sur les poignets, mais ce genre
d'attaque est rarement aussi satisfaisant qu'on
pourrait le désirer, car il faudra employer le coup
de genou dans l'abdomen, mouvement à la fois
défectueux et dangereux. Quand on saisit ainsi
les deux mains, il est préférable de tordre les
mains de la victime vers le haut et sur le côté. La
valeur de ce genre d'attaque dépend naturellement
de la rapidité et de la vigueur avec lesquelles est
exécutée cette double torsion.

Prise de cou. — Un élève studieux peut découvrir un grand nombre de variétés d'attaques contre
le cou.

Qu'il saisisse, par exemple, son propre cou en
l'entourant avec les deux mains.

Les pouces doivent comprimer avec énergie la
« pomme d'Adam », tandis que le bout des doigts
s'enfonce avec force juste au centre de la dépres-
sion qui se trouve à la base du crâne. C'est là une
prise très efficace, quand on veut par exemple sai-

sir un voleur qui s'enfuit ou expulser un pertur-
bateur. On doit la pratiquer fréquemment dans
les luttes courtoises, en n'exerçant, bien entendu,
qu'une pression légère, si l'on veut acquérir une
dextérité parfaite dans la façon d'assurer son
étreinte.

A l'aplomb des oreilles se trouvent deux grou-
pes de muscles qui descendent le long du cou.
L'assaillant enfoncera le pouce d'une de ses mains
dans les muscles d'un des côtés du cou de la victime, et le bout des doigts dans les muscles correspondants de l'autre côté. C'est là une attaque
douloureuse et irrésistible. La parade, pour une
victime versée dans le *jiu-jitsu,* est le renversement par prise de gorge, indiqué précédemment
(*fig. 14*).

Endurcissement du cou. — On doit étudier
avec grand soin tous les genres de prise possibles
au cou et à la gorge. Plus deux élèves pratiqueront
ensemble ces prises, plus leur cou deviendra fort et
inaccessible aux attaques. Un maître japonais de
jiu-jitsu peut subir en riant toute espèce d'assaut
au cou et à la gorge, pour cette raison qu'un
travail constant a rendu chez lui ces parties si

fortes et si dures qu'un athlète européen ordinaire ne peut lui causer aucune impression douloureuse.

En dehors des prises, on a recours, pour endurcir les muscles du cou, à trois exercices différents. En premier lieu, l'élève japonais se tenant debout, on lui enseigne à tourner la tête de façon à porter le menton aussi loin que possible au-dessus de l'épaule droite. Il répète ensuite le même mouvement à gauche. Ce mouvement ne doit pas être exécuté trop vite, mais la vigueur de l'effort doit être telle que tous les muscles et les tendons du cou se trouvent contractés en même temps. On fléchit ensuite la tête latéralement à droite et à gauche, puis en arrière et en avant.

En ce qui concerne les coups d'attaque tels que ceux qui ont été décrits dans les chapitres précédents, on encourage l'élève — *on l'oblige* — à les étudier sous tous leurs aspects et à en découvrir les variantes. S'il apporte à un coup un perfectionnement sérieux, ou s'il découvre une parade simple à quelque coup considéré comme irrésistible, il devient pour ses camarades un sujet d'envie.

Nous allons signaler une variante simple d'un coup déjà indiqué (et il en existe bien d'autres). Reprenons le coup dans lequel l'assaillant jette son bras gauche autour de la ceinture de sa victime et relève de force avec la main droite ouverte le menton de celle-ci (*fig. 12*). Au lieu d'opérer ainsi, l'assaillant se précipitera sur le côté gauche de son adversaire, et jettera le bras gauche autour du côté droit de la ceinture de ce dernier. Il exercera en même temps, de la main droite, une pression sur le côté gauche du cou de sa victime, et, grâce à la soudaineté de l'attaque, il la forcera à se laisser choir.

Une autre variante encore, quand on veut porter un coup par derrière, consiste à sauter sur l'homme attaqué, à jeter le bras gauche autour de son abdomen, l'avant-bras droit autour de son cou, et à lui appliquer violemment le genou dans le dos. Ceci fait, l'assaillant, tout en maintenant solidement son étreinte, exerce une traction en arrière si brusque qu'il force l'homme attaqué à tomber sur le dos. La victime par terre, l'assaillant, s'il est assez prompt, est maître de la situation.

Le tire-cheveux. — Un autre coup, simple quoique douloureux, porte un nom qu'on peut traduire par « tire-cheveux ». Dans cette attaque, on empoigne de la main gauche ouverte la gorge de la victime, le pouce comprimant violemment les muscles dont on a parlé précédemment (page 133) et qui se trouvent au-dessous du lobe de l'oreille gauche, tandis que les quatre autres doigts appuient avec la même vigueur sur les muscles correspondants, situés au-dessous de l'oreille droite. La main droite de l'assaillant saisit en même temps avec force la partie avant de la chevelure de la victime. Une forte saccade en arrière avec la main droite, aidée par la pression que la main gauche exerce contre la gorge, aura pour résultat à peu près certain de réduire l'adversaire à merci.

S'il le faut, on peut avoir recours au croc-en-jambe qui résulte du coup « mollet contre mollet ». Il n'existe qu'une parade possible et encore n'est-elle pas d'une exécution facile. La victime peut tenter de recourir au pincement du milieu du bras.

Il est vrai que l'homme attaqué peut essayer le coup de genou dans l'abdomen de l'adversaire, mais celui-ci le préviendra en portant le pied droit en l'air, à peu près à hauteur de son genou gauche, et un peu en avant de la jambe gauche. Dans cette position, l'assaillant a une parade toute prête laquelle rompt l'élan du coup de genou et empêche de le porter avec succès. En même temps le défenseur faiblit rapidement sous l'impression de la douleur causée par le « tire-cheveux ». Quelle que soit la prise que le défenseur parvienne à s'assurer, la souffrance endurée par le cuir chevelu la lui fera abandonner pour éviter la douleur que lui cause la violente traction exercée sur ses cheveux.

Une fois que l'élève possède bien ce coup, on l'incite à chercher par quel autre procédé on peut rendre douloureuse une prise de cheveux, exécutée soit d'un côté, soit de l'autre, soit en arrière, et de quelle façon au juste on peut utiliser la main qui ne tient pas les cheveux pour attaquer quelque autre partie vulnérable. L'assaillant doit toujours se rappeler au surplus que l'adversaire possède deux mains et peut-être un genou dont il peut se servir.

Il sera intéressant pour l'élève d'étudier à fond toutes les formes possibles de l'attaque par le coup du « tire-cheveux » et de combiner des parades pour chacune d'elles. Dans une lutte courtoise, il est nécessaire au début de s'en tenir à l'*étude* de toutes les prises possibles. Il n'est pas nécessaire de tordre la chevelure au point de causer à proprement parler de la douleur, mais au bout d'un certain temps, on s'apercevra que ce travail endurcit le cuir chevelu et rend l'élève de plus en plus insensible à la souffrance dans ce genre d'attaque. A un moment donné, si ce travail a été poussé suffisamment loin, le praticien du *jiu-jitsu* se sera si bien endurci le cuir chevelu qu'il ne craindra plus d'être tiré par les cheveux.

Prise de poignets par derrière. — Il est une autre forme d'exercice, également applicable au combat, dont l'étude approfondie peut être faite en grande partie par l'élève lui-même.

Le coup consiste à arriver par derrière sur un adversaire qui laisse ses bras pendre sur le côté. Saisissez vivement ses deux poignets. Il est préférable dans ce mouvement d'employer, si possible, le pincement de poignet, mais cela n'est pas absolument nécessaire. La seule chose qui doive compter, c'est la rapidité d'exécution de la prise, et la vitesse avec laquelle on peut effectuer les mouvements suivants :

Tirez vivement en arrière les bras de la victime, de façon que ses mains se trouvent à peu près au niveau de la base de l'épine dorsale et dans cette position soient ramenées aussi loin que possible en arrière. En même temps, tout en maintenant la prise primitive, faites subir aux poignets de la victime une torsion aussi accentuée que possible vers le haut et vers l'extérieur, et ramenez les poignets ainsi tordus aussi près que possible du niveau primitif à la base de l'épine dorsale.

L'assaillant utilise en outre le puissant levier qu'il s'est assuré pour pousser en avant son adversaire. Il se trouve ainsi en un clin d'œil maître de projeter sa victime sur le plancher. La seule défense possible pour l'homme attaqué consiste à détacher en arrière un coup de pied sur l'un des tibias de l'assaillant, mais cela même compromet son équilibre. Si l'assaillant réussit à provoquer la chute, il devra se laisser tomber sur sa victime et achever sa victoire en appuyant ses doigts contre la « pomme d'Adam » et ses pouces contre le derrière du cou, ainsi que nous l'avons indiqué dans les exercices de la gorge et du cou.

Bien que, au premier essai un peu dur, cet exercice semble très douloureux, il n'est pas nécessaire de lui donner ce caractère, à moins qu'on ne s'y trouve contraint par une agression sérieuse. On aura tout avantage à le pratiquer à deux dans des assauts courtois et l'on constatera qu'il profite à un grand nombre de muscles. Une pratique courtoise n'exige que le déploiement de la force nécessaire pour réussir le mouvement et, dans ces conditions, il ne peut se produire aucun dommage physique.

On enseigne aux élèves japonais à faire de cet exercice un simple jeu qui devient de plus en plus énergique à chaque essai, et il ne faut pas longtemps pour que les muscles s'endurcissent si bien que la victime se relève en souriant, vaincue mais sans la moindre lésion. Ce n'est que lorsque le principe du coup a bien été compris, qu'on commence à exiger la vitesse, et alors une vitesse de plus en plus grande.

L'étude de ces coups fait faire à l'élève japonais de *jiu-jitsu* de grands progrès dans la connaissance de sa propre anatomie; elle lui apprend en particulier à distinguer les parties de son corps qui sont faibles de celles qui sont fortes. L'élève s'efforce tout d'abord de déterminer les muscles qui paraissent n'être nullement affectés par ce genre de travail. Ceux-ci ne réclament, pour le moment, aucune attention spéciale. Mais il s'aperçoit en même temps que certains de ses muscles faiblissent immédiatement pendant la lutte. Il se peut que ce soit dans les poignets qu'il ressente le maximum de douleur. Dans ce cas, s'il est consciencieux, il pratiquera très assidûment, tantôt seul, tantôt avec un camarade, les exercices de résistance que nous avons indiqués (p. 36 et fig. 5 et 6). Il devra consacrer aussi une bonne part de son attention à la « lutte des poignets » jusqu'à ce qu'il constate que ses poignets sont devenus aussi forts qu'ils doivent l'être.

Si c'est la partie supérieure des bras qui est faible, l'élève emploie une partie importante de son temps aux exercices de résistance des bras. Si c'est le dos qui donne des signes de faiblesse, l'élève japonais pratique les flexions alternatives rapides du corps sur les hanches, en avant et en arrière, en conservant les jambes bien tendues. On essaie aussi plus fréquemment les culbutes par-dessus la tête et par-dessus l'épaule, et l'on a souvent recours au coup dans lequel l'assaillant jette un bras autour de la ceinture de la victime en même temps qu'il lui appuie énergiquement l'autre main sous le menton.

En exécutant ces exercices assez souvent, mais sans trop de violence, on constatera qu'ils fortifient les dos les plus faibles. On est averti qu'on arrive au point dangereux, à partir duquel la force déployée ou l'énergie mise en jeu dépasse la limite admissible, lorsque l'élève se trouve à bout de souffle ou qu'il ressent dans la région dorsale une douleur excessive. Le remède est de travailler avec plus de modération jusqu'à ce que le dos soit en état de supporter des efforts plus considérables.

Lorsque, une fois la chute accomplie et la prise effectuée, c'est le cou qui paraît être la partie la plus faible, on aura recours à la série complète des exercices de la gorge et du cou déjà décrits dans ce chapitre. « Cou de taureau » est une expression courante dans notre pays. « Cou de fer » serait plutôt le terme propre au Japon. Toute tentative pour blesser au cou un maître japonais de *jiu-jitsu* par les procédés ordinaires d'attaque, en faisant usage des mains ou d'un bâton, produirait un résultat singulièrement étonnant pour l'amateur curieux d'athlétisme.

Il existe un coup qu'on peut employer quelquefois dans le combat, bien qu'assez rarement, et qui présente les plus grands avantages comme procédé d'endurcissement. L'élève japonais s'étend par terre à plat sur le dos. Son adversaire se penche sur lui et lui emprisonne les chevilles par la prise dite « pincement de cheville ». Celle-ci consiste à empoigner les os de la cheville avec les mains de façon que le pouce presse énergiquement sur l'os de la face interne de la cheville, tandis que les doigts exercent une pression non moins dure contre l'os de la face externe. Il suffit à l'élève de très peu d'exercice pour arriver à produire une violente douleur, à la condition d'exercer une pression suffisamment énergique.

Une fois qu'on a bien saisi le principe de ce pincement, — et ce n'est point là l'affaire d'un instant, — on passe au mouvement suivant. Élevez légèrement les pieds de la victime au-dessus du sol, en accentuant le pincement aussi sévèrement qu'il est possible de le faire sans causer une douleur trop violente, et tordez rapidement les chevilles en écartant les orteils vers l'extérieur. Ici encore, comme pour d'autres parties du corps, les Japonais ne sont pas longs à obtenir un endurcissement notable des parties attaquées.

Lorsque ce mouvement a été pratiqué à fond à diverses reprises, on étudie la phase suivante de l'exercice. On exécute maintenant la même torsion, après quoi on laisse les orteils de la victime revenir vers le haut. L'assaillant soulève les jambes de son camarade jusqu'à ce que celui-ci repose sur les omoplates. Il les abaisse ensuite progressivement jusqu'à ce que les pieds appuient de nouveau sur le sol.

Ainsi que nous l'avons indiqué, ce mouvement est surtout utile comme exercice, plutôt que comme coup de combat. Quand on le pratique pour se fortifier, on constate qu'il accroît la puissance et l'endurance d'un très grand nombre des muscles les plus importants.

Dans un combat réel, il est évidemment indispensable de pouvoir saisir l'ennemi étendu sur le sol et hors de garde. On peut alors le mettre rapidement sur les omoplates et le maintenir dans cette position jusqu'à ce qu'il soit à bout. Dans un cas de vie ou de mort, on peut contraindre l'adversaire à faire une rude et complète culbute, au risque de lui faire rompre le cou au cours de ce mouvement.

Coups de coude. — Il y a aussi beaucoup à apprendre d'un petit truc qu'un maitre japonais de *jiu-jitsu* serait fort disposé à employer si on l'ennuyait en le poussant trop fort par derrière dans une foule européenne. Dans les foules japonaises, quelque étroitement serré que l'on soit, personne ne pousse intentionnellement.

Mais en Europe, le Japonais tracassé se retournerait légèrement pour savoir quelle est la personne qui l'a bousculé et enverrait ensuite un violent coup de coude dans le creux de l'estomac du rustre. Celui-ci ferait alors un « Ouch ! » d'essoufflement ; sur quoi le maitre de *jiu-jitsu* se retournerait avec la politesse souriante qui n'abandonne jamais le Japonais :

« Je vous demande pardon, mais je ne me doutais pas qu'en me retournant aussi brusquement je vous incommoderais de la sorte. »

Et le rustre n'aurait rien de mieux à faire que

d'accepter l'excuse si rapidement présentée, et de s'efforcer de conserver une distance aussi grande que possible entre lui et le maître de *jiu-jitsu*. Ce coup sert, au Japon, à prévenir une attaque dont on se trouve menacé par derrière. Il peut être porté avec la pointe de l'un ou l'autre coude, l'avant-bras étant maintenu horizontalement, et il est accompagné d'une torsion rapide du tronc. Avec un peu d'exercice on arrive à le détacher avec tant de vitesse et de précision que la victime ne peut se plaindre d'avoir été réellement attaquée. L'élève n'a pas besoin d'une grande pratique pour être à même de déterminer avec certitude, au moment où il se retourne, la position du creux de l'estomac. Si la victime est de taille beaucoup plus élevée, le coup frappera dans l'abdomen, mais, même dans ce cas, cette brusque attaque sera des plus efficaces.

Comment acquérir l'agilité

Nous avons déjà insisté sur l'importance capitale qu'il y a à posséder le maximum d'agilité pour pouvoir faire un usage utile des coups d'attaque et ae défense des Japonais. Un Européen, lors de sa première visite dans une école de *jiu-jitsu*, assisterait à certains exercices destinés à développer l'agilité qui lui paraitraient parfaitement grotesques. Ces exercices, en apparence ridicules, n'en sont pas moins pratiqués avec le plus grand sérieux, et l'on en poursuit l'étude jusqu'à ce que l'on ait obtenu les résultats désirés.

Coups de pied. — On enseigne d'abord aux jeunes gens à sauter sur un pied, en lançant l'autre le plus en arrière et le plus haut possible, par un mouvement qui rappelle le coup de pied de derrière du mulet. On emploie alternativement les deux jambes à cet exercice et l'on arrive progressivement au maximum de rapidité. L'élève exécute ensuite d'une façon analogue des coups de pied en avant.

Sauts. — Après les coups de pied viennent les sauts. L'élève saute sur un pied aussi loin qu'il peut le faire en gardant l'équilibre et on lui fait en même temps tenir l'autre jambe aussi en arrière que possible. On passe ensuite au saut exécuté avec une jambe aussi élevée que possible sur le côté, puis au saut avec une jambe en avant. Dans un cas comme dans l'autre, l'élève doit continuer à sauter jusqu'à ce qu'il sente qu'il est sur le point de perdre l'équilibre. Tous ces exercices de jambes ont pour but de donner à l'élève de *jiu-jitsu* le maximum d'équilibre, lorsqu'il pratiquera les différents crocs-en-jambe et n'aura plus qu'un pied reposant sur le sol.

Exercices d'agilité avec une canne. — Pour donner de la vitesse dans les bonds nécessaires à l'attaque, il existe toute une série d'exercices comportant l'emploi d'un bâton en bambou. Les élèves européens pourront du reste se servir de toute autre espèce de bâton. Un élève, debout, tient des deux mains un bâton au-dessus de sa tête ; à quatre ou cinq pieds de lui se trouve aux aguets un autre élève, alerte, prêt à bondir comme un chat. Au moment qui lui plaît, celui qui tient le bâton l'abaisse vivement au contact de ses jambes. Son adversaire, au premier mouvement de la canne, doit bondir en avant et la saisir avant qu'elle n'ait touché les membres inférieurs. Au début, il est impossible ou à peu près de réussir, mais après quelques semaines pendant lesquelles on a de temps en temps pratiqué cet exercice, ce n'est plus guère que le hasard qui décide de la victoire.

Comme variante, on peut élever le bâton au lieu de l'abaisser, le résultat à obtenir pour être vainqueur restant toujours le même. On peut encore élever ou abaisser le bâton de la même façon d'un côté ou de l'autre. Dans un autre exercice, celui qui tient le bâton l'élève au-dessus de sa tête avec une main et l'abaisse ensuite à son gré de façon que le bout le plus éloigné vienne frapper le sol. En pareil cas, l'élève qui doit saisir le bâton se tient à côté de son camarade, aussi alerte que jamais ; il doit attraper le bâton avant que ce dernier ait touché le sol. Puis viennent des luttes dans lesquelles les jeunes gens saisissent le bâton de la même façon, soit d'une main, soit avec les deux mains, et s'en disputent la possession. Le perdant s'incline gracieusement pour reconnaître sa défaite.

Vient ensuite un exercice qui, à première vue, peut paraître dangereux. En fait, il ne l'est pas plus que le polo ou le foot-ball américains et il contribue bien davantage à développer l'agilité. Un des jeunes gens élève le bâton au-dessus de sa tête. Quand il est prêt, il l'abaisse sur la tête de son camarade. Celui-ci doit se tenir debout, les mains sur le côté ou à hauteur de l'estomac, jusqu'à ce qu'il voie le bâton descendre. Il doit alors sauter en l'air et l'attraper, en s'efforçant de l'arracher à son adversaire. Au début, le coup est donné lentement, mais à chaque leçon on accroît la rapidité de la chute de la canne, jusqu'à ce que les deux élèves deviennent assez adroits pour que le coup soit paré chaque fois. Il en résulte alors une lutte pour la possession du bâton. Celui qui lâche prise peut empoigner son adversaire de n'importe quelle façon et le combat continue jusqu'à ce que l'un ou l'autre se reconnaisse vaincu. L'aveu de la défaite se fait en frappant de la main sur la cuisse ; s'il est à terre, le vaincu frappe sur le sol. Le combat cesse immédiatement à ce signal et les adversaires prennent un instant de repos avant de passer à la reprise suivante. On essaie des attaques de bâton sous des formes variées et plus on imaginera de genres d'attaque et de parades, plus cela sera profitable à l'élève quand il participera à un combat effectif.

Les chutes. — En même temps qu'on lui fait pratiquer ce genre d'exercice, on apprend à l'élève à tomber. Il se laisse aller en avant à plat sur le sol, les bras étendus horizontalement. Le plancher de l'école est garni d'un épais et moelleux rembourrage qui empêche le jeune élève de se blesser.

L'instructeur n'a qu'un faible rôle à jouer dans ces exercices. Le jeune homme doit apprendre l'art de tomber sans se faire de mal, par la pratique et l'observation personnelle. Il doit connaitre les muscles susceptibles d'être froissés en cas de chute et étudier par lui-même les moyens d'éviter toute foulure. Quand un pratiquant du *jiu-jitsu* va être tombé, il doit savoir favoriser lui-même sa chute de façon à ce qu'elle ne lui soit point préjudiciable, et cette science est à la portée de quiconque s'exerce assidûment. On enseigne à l'élève japonais qui se sent tombé par son adversaire à aller, si possible, de lui-même à terre sur l'un ou l'autre côté, car il élude ainsi jusqu'à un certain point les tentatives de l'assaillant pour s'assurer un double pincement de bras et il empêche la prise de gorge. Le vaincu ne s'étend jamais carrément sur le dos s'il peut l'éviter.

Une pratique constante de la chute, unie à l'observation intelligente des effets des diverses espèces de chutes, permet à l'élève d'apprendre beaucoup par lui-même. La science ainsi acquise est ensuite utilisée dans des épreuves avec un « adversaire courtois ».

Se relever. — C'est ici que vient naturellement se placer l'exercice qui consiste à se relever avec adresse et rapidité.

L'homme qui a été tombé par surprise, par un truc de son adversaire, n'est pas nécessairement battu. Il peut souvent changer sa défaite apparente en victoire par son habileté à se dégager de l'étreinte ennemie et bondir lestement sur ses pieds, tout prêt à une nouvelle épreuve d'adresse.

Pour commencer, l'élève qui s'exerce seul s'étend à plat sur le dos, les bras et les jambes allongés. Dans cette position, on lui demande de *se grouper* et de bondir sur ses pieds, et cela aussi vivement et aussi adroitement que possible. Au début, ce mouvement n'est pas facile, mais, comme dans tout autre exercice, la pratique conduit à la perfection. Au bout de quelques semaines, durant lesquelles une partie du travail journalier est dirigée conformément aux indications qui précèdent, l'élève constate des progrès surprenants.

Cela fait, dès que les progrès du jeune Japonais

sont assez sérieux, on lui enseigne à tomber sur le côté gauche et à se relever instantanément avec toute l'adresse et toute la vitesse dont il est capable, et son habileté à cet égard s'accroit à chaque nouvel essai. Pour apprendre cet exercice, il se jette à terre du côté gauche, avec les deux genoux sur le sol comme points d'appui, et les bras étendus en avant pour l'aider à sauter en l'air. En même temps qu'il exécute ce bond, il imprime à son corps un mouvement de rotation afin de faire face à son adversaire. Il exécute de la même façon la chute à droite, avec cette seule différence qu'il se retourne cette fois rapidement vers la droite.

Il ne faut pas oublier qu'en se relevant on doit faire en sorte de s'exposer le moins possible aux attaques de l'assaillant. On peut souvent se soustraire à une nouvelle attaque heureuse par une torsion ou une flexion d'un côté ou de l'autre, naturellement du côté opposé à l'attaque probable de l'antagoniste. Quand on se relève, il ne faut pas espérer que l'adversaire attendra, pour attaquer, qu'on soit remis sur pied. Les Japonais pensent que, *dans le combat, il ne peut y avoir de « déloyautés »*. Toute prise, tout coup est permis pendant que la victime est à terre ou essaie de se relever. Le seul but à atteindre c'est la victoire, et on peut se l'assurer par *tous les moyens possibles.*

On s'assied ensuite sur le sol, les jambes en avant légèrement étendues, les mains par terre de chaque côté du corps, mais un peu en arrière du dos : étant dans cette position, on bondit sur ses pieds sans se tourner d'un côté ou de l'autre en se relevant. Quelque difficile que soit ce mouvement, l'élève, avec le temps, viendra à bout de l'exécuter, à moins qu'il n'ait négligé de suivre le programme d'instruction dans tous ses détails et avec l'attention qu'il exige.

Pour l'exercice suivant, on s'assied encore par terre, les jambes dans la même position, mais sans s'appuyer sur les bras qui doivent être tenus en avant. Se relever en partant de cette position est chose difficile, mais on y arrive aisément quand on s'est suffisamment exercé, et le succès mérite bien tout l'effort qu'il demande, car la réussite de ce tour de force contribue merveilleusement à donner aux mouvements la rapidité de l'éclair.

Cet exercice terminé, on demande à l'élève de s'accroupir, les fesses aussi près du sol qu'il est possible de le faire sans s'asseoir par terre. Les bras sont étendus en avant ou sur les côtés. Partant de cette position, l'élève doit s'habituer à se relever avec la plus grande célérité possible. Quand il y est parvenu, il doit s'accroupir dans la même position en face de son adversaire. Tous deux s'empoignent réciproquement les mains et, au signal donné par l'un d'eux, chacun remet l'autre sur ses pieds. Une fois debout, ils dénouent leur étreinte et s'attaquent par le procédé qu'ils préfèrent.

Un autre exercice excellent consiste à faire coucher les deux élèves par terre sur le ventre, les têtes opposées et les mains entrelacées. Chacun d'eux s'efforce de tirer à lui les mains de l'autre, et cela suffisamment pour pouvoir bondir du plancher de façon à dominer l'adversaire qui se relève et à triompher de lui en le jetant sur le dos et en se laissant tomber sur lui. Si le vainqueur réussit à dégager ses mains, il peut alors employer le pincement de bras, la prise de gorge ou tout autre coup destiné à réduire l'adversaire qu'il tient sous lui. Dans tous les cas, l'homme qui est dessus emploie le coup de genou dans le creux de l'estomac.

Un autre exercice excellent pour donner de l'agilité est le suivant : l'élève se jette en avant sur lés genoux sans que les mains touchent le sol. Aussitôt tombé, il se relève immédiatement sur ses pieds, debout et les mains en avant comme s'il attendait l'attaque d'un adversaire.

On peut aussi, pour développer l'agilité, se jeter la face contre terre, et rester supporté par les mains et les orteils, sans que le tronc ou les jambes touchent le sol. Étant dans cette position, jeter un regard rapide par-dessus l'épaule gauche puis par-dessus l'épaule droite — toujours d'un mouvement brusque. L'élève apprend ainsi à reconnaître de quel côté il doit essayer de se relever quand son adversaire est sur lui, ou qu'il le guette. Après avoir ainsi tourné plusieurs fois la tête alternativement, il faut s'imaginer que l'adversaire s'apprête à vous attaquer d'un certain côté, par exemple du côté droit, et alors, d'un vigoureux mouvement de torsion, on se relève à gauche, tout en exécutant une retraite de corps et en s'accroupissant, tout prêt pour une nouvelle attaque.

Il importe d'insister sur le saut en avant, qui devra ressembler le plus possible à celui d'un chat. Ce saut s'exécute les mains ouvertes, comme si l'élève était en train de lutter avec un adversaire réel. Après le bond, tantôt l'élève arrive à terre debout, tantôt il retombe en se baissant brusquement dans une posture accroupie. On lui enseigne ensuite à exécuter des sauts latéraux, comme s'il cherchait à s'assurer une prise de côté sur un adversaire imaginaire. On ne saurait attacher trop d'importance à ce travail de saut ; il est capital au point de vue de la soudaineté et du succès de l'attaque, lorsque l'adversaire se trouve hors de portée du bras au début du combat.

L'élève peut aussi apprendre beaucoup par lui-même en matière de feintes, en exécutant des sauts de ce genre. Par des trucs tout à fait analogues à ceux des boxeurs américains et anglais, il peut faire croire qu'il va diriger son attaque sur une certaine, partie du corps de son adversaire et réaliser ensuite sa prise sur une autre partie. Si l'on dirige le regard sur une région déterminée du corps de sa victime, tandis qu'on en empoigne en réalité une autre, la ruse a des chances de réussir aussi bien que dans la boxe. Une feinte à laquelle recourt souvent l'assaillant consiste à sauter en avant debout, puis à s'accroupir subitement sous les bras étendus de son adversaire, à saisir d'une main le genou le plus rapproché et à se servir de l'autre main pour donner au corps une poussée le plus haut possible. On tire en dehors le genou saisi en même temps qu'on donne la poussée, et la victime, qui s'attendait à une attaque dans la ligne haute, ne peut que choisir entre la chute sur le dos et la chute sur le côté. L'assaillant complète alors sa victoire en tombant sur son adversaire et en employant la prise ou le pincement qui lui semble le plus avantageux dans la circonstance.

L'agilité acquise fournit à l'élève un autre bon coup d'attaque. Ce coup consiste à s'accroupir comme pour porter une attaque aux genoux, puis, au moment où l'adversaire se penche pour s'y opposer, à se relever brusquement et à porter l'attaque sur la partie supérieure du corps de l'ennemi en train de se baisser. Étant donné qu'il n'existe pas de *déloyautés* dans les méthodes japonaises de combat, le *summum* de l'art du *jiu-jitsu* est de tromper le plus possible l'antagoniste. Il n'existe qu'une exception à cette règle : quand le vaincu frappe sur sa cuisse, ou sur le sol s'il est à terre, le vainqueur doit lâcher son homme et n'a plus à craindre d'attaque.

On peut encore développer l'agilité en se laissant tomber face contre terre et se retournant ensuite sur le dos avec la rapidité de l'éclair. On emploie les bras, les mains, les jambes avec autant de célérité et de précision que si l'on avait affaire à un adversaire réel. Une heureuse variante consiste à courir à toute vitesse vers un objet qui se balance suspendu au plafond. Sans ralentir sa vitesse, l'élève saisit l'objet, ou essaie de le faire, s'arrêtant seulement quand il sent qu'il a le trophée en main. La réussite de ce coup, presque impossible au début, devient progressivement de plus en plus aisée. C'est là un jeu de sport et on peut l'introduire dans tout gymnase, à condition que le plafond soit suffisamment élevé, car il faut que la corde à laquelle l'objet est suspendu soit assez longue pour permettre à l'élève de ralentir avant d'être arrivé au bout de cette corde. L'usage de ce coup contribue merveilleusement à développer l'agilité et sa sœur jumelle, la précision du coup d'œil.

Voltige. — Pour accroître l'agilité, on emploie encore, dans quelques écoles de *jiu-jitsu,* la méthode qui consiste à faire de la voltige par-dessus un obstacle de la hauteur de la poitrine. Cet obstacle peut être une barre horizontale, ou tout autre engin remplissant le même objet. Au moment où l'élève se reçoit sur ses pieds de l'autre côté, il se trouve face à face avec un adversaire qui l'attend, et le combat s'engage immédiatement. La victoire décidée, le numéro deux exécute la même voltige de la même façon. Cet exercice ne peut être entrepris avec succès que par les élèves ayant suivi complètement l'entraînement préliminaire qui a pour but de développer l'agilité. Sans doute il serait préférable pour la moyenne de débuter en voltigeant pardessus un obstacle placé seulement à hauteur de la ceinture ; mais les élèves japonais ne croient pas devoir s'arrêter aux bagatelles.

Lorsque le programme d'entraînement que nous venons d'exposer a été suivi avec assez de persistance pour que l'élève soit devenu réellement agile, on l'exerce à esquiver l'adversaire. Le maître de *jiu-jitsu* est aussi insaisissable que l'anguille du proverbe. Un adversaire non initié se trouvera dans l'impossibilité de l'empoigner ; juste au moment où il s'imaginera tenir son homme, il s'apercevra qu'il ne le tient nullement, mais que tout au contraire le Japonais l'a empoigné dans une étreinte foudroyante, étreinte atrocement douloureuse et qui amène infailliblement la défaite.

Le succès final des coups offensifs et défensifs du *jiu-jitsu* repose tout entier sur l'agilité, et cette qualité peut être acquise par quiconque veut bien s'en donner la peine.

CHAPITRE XII

CONCLUSION

Conseils aux élèves européens

Il est à craindre que beaucoup de ceux qui liront ce volume et qui voudront apprendre le *jiu-jitsu* ne laissent de côté les éléments fondamentaux et ne veuillent passer de suite à la pratique des trucs de combat. Agir ainsi serait commettre dès le début une erreur, qu'il faudrait payer plus tard.

Le combat seul ne donne pas la santé. L'entraînement physique ne consiste pas seulement à produire des muscles saillants ; de même la connaissance de quelques trucs de combat aisément appris ne fait pas davantage un athlète.

Quiconque cherche la perfection physique doit observer rigoureusement toutes les prescriptions qui y conduisent. L'observation du régime, l'habitude de respirer profondément l'air frais en tout temps, le port d'un vêtement rationnel, ne faisant point obstacle au libre accès de l'air, l'usage fréquent

du bain, l'emploi de l'eau à discrétion, le repos ré-
gulier, une durée convenable de récréation, et une
dose suffisante d'exercice musculaire, tout cela est
indispensable pour retirer le maximum de bénéfice
du système d'entrainement physique qui a fait des
Japonais, après vingt-cinq siècles, le peuple le plus
fort, le plus endurant et le plus heureux de la terre.

Avant de se consacrer à l'étude des coups de
combat, l'élève de *jiu-jitsu* doit, tout en se soumettant aux règles élémentaires de l'hygiène physique,
pratiquer longtemps et assidûment les exercices de
résistance ainsi que ceux qui endurcissent les muscles et les os. On ne saurait consacrer trop de temps
à ce travail. L'étude des coups de combat du *jiu-
jitsu,* par des gens qui n'ont pas pris la peine de
fortifier leurs muscles et d'endurcir leurs os, aura
pour résultat certain de les estropier — et peut-être
de les claquer. Pendant que l'on pratique les exercices préliminaires destinés à fortifier les muscles et
à endurcir les os, on peut essayer quelques-uns des
trucs de combat les plus simples, mais toujours à
condition d'éviter le claquage. Peu à peu, l'élève se
rendra compte qu'il est à même de supporter un
travail de plus en plus sévère et de plus en plus
prolongé, et il s'apercevra ensuite qu'il arrive

graduellement mais sûrement à un état de santé physique parfaite et d'endurance extrême.

Lorsqu'on aborde les coups de combat qui comportent des chutes, il faut le faire toujours sur des coussins ou des matelas — ou, à la campagne, sur le foin. Bien qu'on puisse sans inconvénient y substituer une pelouse un peu épaisse, il n'y a aucune raison pour que deux amis, engagés dans une lutte courtoise, risquent de se rompre les os. Il ne faut pas perdre de vue non plus que, dans des épreuves amicales, on ne doit pas déployer une force excessive. Il suffit au début d'apprendre les principes de combat du *jiu-jitsu*. A mesure que l'élève progresse, il se sentira capable d'endurer un traitement de plus en plus sévère, mais il ne faut pas se hâter d'arriver à cette période. Chaque élève sera guidé en cette matière par son propre jugement.

La question du costume est d'une grande importance. Le corps doit être aussi découvert que possible. Dans les écoles japonaises de *jiu-jitsu*, les élèves entrent dans l'arène vêtus d'un simple lambeau d'étoffe. Cela permet la libre circulation de l'air autour du corps, lequel est exposé à une transpiration abondante résultant de la rapidité des mouvements. Quand il s'agit d'exercices comportant des prises de vêtement, on ajoute au costume une jaquette solidement doublée.

Les Européens qui ne se soucient pas de s'exercer vêtus d'un simple caleçon se trouveront bien d'adopter un costume composé de vêtements de dessous et de chaussons, et de passer un caleçon par-dessus ces vêtements pour les maintenir en place. On ne doit jamais porter de souliers. Pour les coups qui comportent des prises de vêtement, on pourra mettre n'importe quel vieux vêtement de rebut.

Lorsque deux femmes travaillent ensemble, le meilleur costume sera le complet de bain dit *combinaison*. On peut aussi employer le costume réglementaire de gymnase : blouse, culotte descendant jusqu'aux genoux et bas, — mais sans souliers de quelque espèce que ce soit.

Au Japon, les femmes sont entraînées au *jiu-jitsu*, et souvent elles se mesurent avec les hommes. Il serait bon qu'on en fît autant dans notre pays — toujours à condition que l'homme et la femme soient à peu près de même taille, de même poids et de force musculaire équivalente. Dans le cas d'assauts de ce genre, le costume doit satisfaire aux convenances. Les luttes à conditions égales entre hommes et femmes sont à encourager, car cet exercice contribuerait à entretenir cette courtoisie que les Japonais montrent invariablement dans leurs assauts amicaux. Le Japonais se relève toujours en souriant après une défaite sévère et parfois douloureuse.

En terminant, nous donnerons les conseils suivants :

Observez toutes les règles primordiales de l'hygiène ;

Pratiquez journellement les exercices décrits ;

Ne passez pas à un exercice nouveau avant de posséder parfaitement le précédent ;

N'essayez pas de forcer le développement physique. La modération est la règle des Japonais. L'élève intelligent reconnaîtra lui-même le moment où il conviendra d'accroître la dose d'exercice et où il pourra supporter un effort plus sérieux dans les coups de combat. Ne soyez pas *trop zélé* ;

Quelque sévère que soit le coup employé contre vous, demeurez courtois et souriant. Un bon naturel est un facteur puissant pour la santé.

Parfois, lorsqu'on ressent une lassitude provenant de gêne dans la circulation du sang, le *jiu-jitsu* jouera le rôle d'un vivifiant. Si l'on n'a pas d'adversaire sous la main, on aura recours aux exercices que l'on peut pratiquer seul. L'amélioration se manifestera en quelques minutes. Cependant, dans ce cas, ne dépassez pas vos forces. Une séance de *cinq à dix minutes* de travail paraîtra suffisante. L'indication exacte sera donnée par l'échauffement du corps et le tremblement des muscles. Arrêtez-vous alors, et reprenez le travail quand vous vous sentirez en bonne condition.

Si vous êtes par trop nerveux et dans l'impossibilité de dormir, un exercice très modéré — à l'air libre de préférence — suivi du bain et du lit, vous apportera vraisemblablement un soulagement immédiat. On peut même guérir l'insomnie persistante en continuant chaque nuit ce traitement.

Les Européens sont une race proverbialement nerveuse. Les Japonais sont calmes jusqu'à la sérénité. L'étude et la pratique fidèles de *toutes* les règles qu'ils ont édictées en vue du bien-être physique amèneront chez les Occidentaux une augmentation extraordinaire de la vitalité physique et nerveuse.

TABLE DES MATIÈRES

TABLE DES GRAVURES

Table des gravures 171

—————

Nancy, impr. Berger-Levrault et Cie

A. A. TUNMER & C°

ARTICLES ET VÊTEMENTS
POUR TOUS LES SPORTS

Représentants de BURBERRY de LONDRES

27, Rue du Quatre-Septembre. — *Téléphone 236-57.*
146, Rue de la Pompe. — *Téléphone 685-86.*

MAISON SPÉCIALE POUR LE VÊTEMENT
14, Avenue de la Grande-Armée. — *Téléphone 587-38.*

Catalogue illustré,
franco sur demande. **PARIS**

BERGER=LEVRAULT & Cⁱᵉ, LIBRAIRES-ÉDITEURS

PARIS, 5, RUE DES BEAUX-ARTS. — 18, RUE DES GLACIS, NANCY

La Force physique. *Culture rationnelle. Méthode Attila. Méthode Sandow. Méthode Desbonnet.* La santé par les exercices musculaires mis à la portée de tous, par DESBONNET, professeur, fondateur des écoles de culture physique de Lille, Roubaix, Paris. 4ᵉ édition. 1904. Un volume in-8, avec 89 figures, broché. **5 fr.**
Élégamment relié en percaline gaufrée or . . . . **6 fr.**

Le Mouvement et les Exercices physiques. *Leçons pratiques sur les systèmes osseux et musculaire,* par le Dʳ L. E. DUPUY, médecin de l'hôpital de Saint-Denis. Introduction par le Dʳ DASTRE, professeur de physiologie à la Faculté des sciences de Paris. 1893. Volume in-8 de 358 pages, avec 139 fig., br. **5 fr.**

Règlement sur l'Instruction de la Gymnastique, approuvé le 22 octobre 1902. Un volume in-8 étroit, avec 350 figures, cartonné . . . . . . **1 fr.**
Percaline souple gaufrée or . . . . **1 fr. 25**
— **Annexes.** *I. Notions de physiologie. II. Jeux en plein air. III. Description du matériel, gymnastique et natation.* 1905. Un volume in-8 étroit, avec 3 planches et 4 figures, cartonné. . **1 fr.** — Percaline souple gaufrée or. . **1 fr. 25**

Manuel d'Exercices gymnastiques et de Jeux scolaires. Publication du ministère de l'instruction publique et des beaux-arts. 1891. Joli volume in-8, avec nombreuses vignettes, cartonné . . . . **2 fr. 50**

Manuel d'Escrime, approuvé par le ministre de la guerre le 18 mai 1877. In-18, cartonné, avec figures. . . . . **60 c.**

Manuel de Ski, par le docteur W. PAULCKE, membre du jury aux concours de ski du Feldberg, de Glaris, d'Adelboden, etc. Traduit de la 3ᵉ édition allemande par F. ACHARD, ingénieur, membre des ski-clubs Berne et Zurich. 1905. Un volume in-12 de 173 pages, avec 68 figures et 4 planches, broché . . . . . . **2 fr. 50**

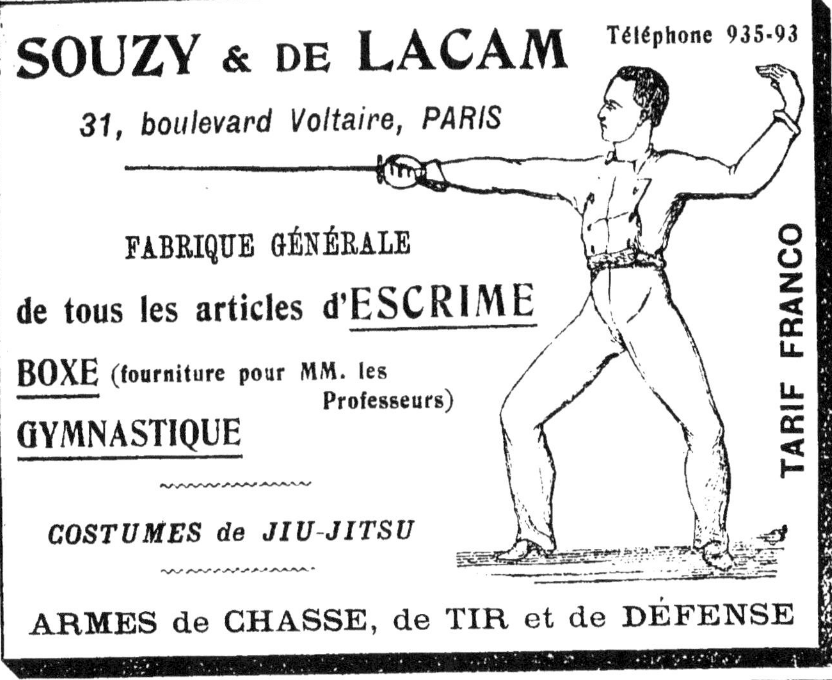

BERGER-LEVRAULT & Cie, LIBRAIRES-ÉDITEURS

PARIS, 5, RUE DES BEAUX-ARTS. — 18, RUE DES GLACIS, NANCY

La Marine russe dans la Guerre russo-japonaise. *Après le départ de la deuxième Escadre du Pacifique*, par le capitaine de frégate N.-L. KLADO, de la marine impériale russe, professeur aux académies de marine et de guerre, à Saint-Pétersbourg. Traduit avec l'autorisation de l'auteur par René MARCHAND. 1905. Un volume in-12 de 330 pages, avec 2 portraits et 5 gravures, br.   **3 fr. 50**

La Bataille de Tsoushima, par le même. Traduit avec l'autorisation de l'auteur par René MARCHAND. 1905. Un volume in-12, avec 21 schémas, br.   **3 fr. 50**

Jaunes et Blancs en Chine. — **Les Jaunes**, par J. PÈNE-SIEFERT, membre de la mission Paul Bert en Indo-Chine, délégué civil près la cour de Hué. 1902. Ouvrage couronné par l'Académie française (1903). Un volume in-12 de 514 pages, broché . . . . **3 fr. 50**

La Chine à terre et en ballon. Reproduction de 272 photographies exécutées par des officiers du génie du corps expéditionnaire et groupées sur 42 planches en phototypie, avec légendes explicatives. 1902. Album in-4, avec 16 pages de texte. Sous couverture imprimée . . . . **12 fr. 50**
En un élégant cartonnage percal. gaufrée or et couleurs, plaques spéciales.   **15 fr.**
5 exemplaires sur papier du Japon numérotés à la presse (nos 1 à 5). .   **35 fr.**
20 exemplaires sur papier Whatman numérotés à la presse (nos 6 à 25).   **25 fr.**

Les Armées et les Flottes militaires de tous les États du monde. *Composition et Répartition en 1905.* Un volume in-8, broché . . . . **1 fr.**

Les Flottes de combat en 1906, par le capitaine de frégate DE BALINCOURT. 4e édition. Un fort volume in-16, avec de nombreuses figures schématiques de bâtiments, relié en percaline souple, tranches rouges . . . . **6 fr.**

www.ingramcontent.com/pod-product-compliance
Lightning Source LLC
LaVergne TN
LVHW021428170726
843501LV00005B/1244